HO'OPONOPONO
et le couple

DU MÊME AUTEUR

Coffret Oracle des animaux chamaniques,
Édition Véga, 2015

4 clefs pour réaliser vos rêves avec Ho'oponopono,
Guy Trédaniel Éditeur, 2014

Ho'oponopono, évoluer en toute liberté,
Guy Trédaniel Éditeur, 2014

Coffret Oracle Cristal Feng Shui,
Guy Trédaniel Éditeur, 2013

Ho'oponopono, 30 formules de sagesse pour guérir des conflits,
Guy Trédaniel Éditeur, 2013

Vivre avec Ho'oponopono,
Guy Trédaniel Éditeur, 2012

Coffret Vivre avec Ho'oponopono,
co-écrit avec Luc Bodin,
Guy Trédaniel Éditeur, 2012

Le Grand Livre de Ho'oponopono,
co-écrit avec Luc Bodin et Jean Graciet,
Éditions Jouvence, 2012

MAQUETTE & MISE EN PAGES : AGENCE TWAPIMOA

ISBN 978-2-8132-0839-2

Nathalie
BODIN
LAMBOY

HO'OPONOPONO
et le couple

Vivre d'amour
ou le bonheur d'être à deux

Guy Trédaniel éditeur
19, rue Saint-Séverin
75005 Paris

SOMMAIRE

À mes parents.

PRÉAMBULE

Je viens de divorcer pour la seconde fois. C'est ma troisième histoire de couple qui se termine, et à 50 ans j'entame une nouvelle vie avec un homme que j'aime depuis… toujours.

La vie à deux est une forme d'apprentissage du bonheur. Il y a des ajustements à faire, des territoires à découvrir et des lumières à maintenir. Je n'ai pas souhaité vivre ces séparations, j'ai cru en la longévité de chacun des couples que j'ai formés. À chaque fois, il y avait la même ambition, celle de passer la fin de mes jours auprès de celui qui m'accompagnait au quotidien. Jusqu'au moment où s'imposait à moi la nécessité d'accomplir mes rêves. Ces derniers n'étaient pas plus extraordinaires que les vôtres, seulement, après les avoir longtemps étouffés, je leur ai permis de surgir.

Libérer son potentiel et trouver sa route, c'est s'ouvrir aux possibles. Je ne m'attendais pas à ce parcours amoureux. J'avais un modèle parental dans lequel un homme et une femme s'étaient fait une promesse et l'avaient tenue coûte que coûte. Comment ai-je pu faire ce sermon pour ensuite m'en défaire… à deux reprises ?

Ce n'est pas seulement la Vie qui me surprend, c'est la réponse que je lui donne. Elle m'a donné l'occasion de rencontrer des hommes qui, avec leur détresse et leurs espoirs, me donnaient l'impression d'exister. J'ai suivi leur route un temps. J'ai pleuré et j'ai ri, j'ai donné et j'ai pris, je me suis perdue pour mieux me retrouver. Je les remercie de m'avoir obligée à me dépasser.

Le couple que je vis aujourd'hui est un miracle. Un cadeau que nous nous sommes offert après des décennies d'interdits et de rêves inavoués. Il est difficile de construire une telle existence avec notre unique volonté. Il y a un peu plus que la nécessité de trouver l'Autre et de l'aimer. Il y a également à intégrer que l'Amour est sans conditions, sans attente et sans jugement.

Ce sont de belles paroles qui peuvent agacer, et pourtant c'est la seule façon que j'ai aujourd'hui de vous décrire ce qu'est devenu mon *leitmotiv*.

Avec Ho'oponopono, j'ai appris à aimer la personne la plus importante en ce monde, c'est-à-dire moi-même. Grâce aux quatre mots de sagesse, j'ai entrepris de lui pardonner et de la remercier pour tout ce qu'elle avait mis en place dans mon existence. Je suis unique, et par ma présence, j'apporte de la valeur à ce monde. Longtemps oubliée, mise de côté et rejetée, j'ai appris à me regarder et à me comprendre. Sans indulgence, en acceptant ce qui est, ce que je suis dans mon intégralité.

Je relève le défi de vous amener dans cet Amour inconditionnel, et de vous donner à travers ces pages des pistes pour vous encourager à bâtir une vie, une vie amoureuse, une vie à deux, où l'Amour a toute sa place.

INTRODUCTION

Ho'oponopono
UN ART D'ÊTRE

Je pratique la méthode Ho'oponopono depuis 2008, il est donc compréhensible que ce soit seulement depuis cette époque que j'aie pu apprécier pleinement son efficacité. En faisant le point sur mon parcours amoureux durant les décennies qui ont précédé ma rencontre avec cette méthode, je me suis rendu compte qu'il y avait en moi les prémices de cette compréhension. En effet, à partir de l'âge de 30 ans, j'ai commencé à me rendre compte que j'étais responsable de mon existence. Ainsi, treize années plus tard, lorsque Ho'oponopono a surgi dans mon existence, j'ai immédiatement adhéré à ce concept, que je trouvais… évident.

Prendre conscience que vous disposez de votre existence, même lorsque tout paraît vous échapper.

Je viens de vous décrire le premier point important du Ho'oponopono.

Il s'agit de prendre conscience que vous disposez de votre existence, même lorsque tout paraît vous échapper. Vous avez la possibilité de transformer la situation, à partir de vous.

L'autre point que j'ai découvert au travers de cette méthode, c'est que vous créez votre vie à chaque instant. Tout ce qui vous arrive est issu de vos actions passées. Cela signifie qu'il devient possible de transformer votre avenir en vous centrant sur le moment présent.

J'ai également compris par cette méthode que vous ne pouvez changer l'Autre ; ce que vous pouvez transformer, c'est votre façon d'être par rapport à l'Autre. De cette transformation s'ensuit un mouvement qui agit sur votre environnement. Plus vous guérissez en vous ce qui se passe à l'extérieur, plus vous nettoyez vos peurs, plus vous faites de la place à l'Amour, plus vous verrez cette énergie vous revenir au centuple.

Ho'oponopono signifie « corriger » – ou encore « rendre droit » – ce qui va de travers dans votre existence, en nettoyant à l'intérieur de vous. Plutôt que de chercher à effacer ce qui vous dérange chez votre partenaire, et qui vous met dans des états de mal-être parfois insupportables, vous pouvez retrouver un espace de paix en nettoyant les émotions négatives qui vous submergent. C'est un remède efficace pour entrer dans la résolution des conflits. Une méthode qui vous permet de mettre en place des solutions, au lieu de vous focaliser sur les problèmes, c'est une formule d'Amour qui redonne le pouvoir à la paix du cœur.

Ho'oponopono signifie « corriger » – ou encore « rendre droit » – ce qui va de travers dans votre existence, en nettoyant à l'intérieur de vous.

Pratiquer Ho'oponopono, c'est surtout réciter ces mots que j'appelle les « quatre mots de sagesse ». J'en parle ainsi, car il s'agit d'une méthode ancestrale transmise par les sages d'Hawaï. Ils utilisaient ce protocole pour rétablir l'harmonie dans le groupe lorsqu'un conflit avait surgi. Toute la communauté se réunissait autour des personnes qui vivaient un différend. Plutôt que d'accuser et de punir, le Ho'oponopono traditionnel allait à l'origine du problème pour mieux le comprendre. Cela permettait à chacun de prendre conscience qu'il existait un malaise au sein du groupe, et que les personnes en conflit étaient la face émergée de l'iceberg, elles étaient le reflet des malentendus et des tensions présents dans l'intégralité de la communauté.

Ce regard particulier permet de remettre chacun en face de ses responsabilités. Il n'y a plus de victimes ou d'accusés, mais des hommes et des femmes pleinement conscients du fait qu'ils sont acteurs de leur existence et qu'ensemble ils créent la société dans laquelle ils évoluent. Toute situation négative devient un moyen de régler des problèmes beaucoup plus profonds, pour ensuite rétablir l'équilibre.

Aujourd'hui, cette méthode s'est individualisée pour devenir totalement autonome. Plus question de rassembler la famille, les collègues de travail, ou de faire une thérapie de groupe, vous pouvez utiliser la méthode en solitaire. Lorsqu'un problème surgit dans votre existence, que des émotions fortes sont réveillées en vous et que vous commencez à vous sentir injustement traité par la vie, vous pouvez nettoyer cette douleur émotionnelle en récitant à l'intérieur de vous : « **Désolé, pardon, merci, je t'aime.** » Certes, le problème ne changera pas. Ce qui va se modifier, c'est votre aptitude à réagir.

Vous pouvez continuer d'être en colère ou triste lorsque votre partenaire s'emporte devant la paperasserie administrative, ou choisir d'évoquer ce mantra « **Désolé, pardon, merci, je t'aime** » pour vous éloigner des émotions négatives qui vous envahissent à ce moment-là. Vous pouvez réciter en vous pendant de longues minutes cette formule jusqu'à ce que le calme se fasse, alors qu'à d'autres moments une seule fois peut suffire. Ce qui compte, c'est votre souhait de ne plus vous laisser embarquer par vos émotions négatives. Tout d'abord parce que le fait d'être agacé ne résoudra pas le problème en cours et ne fera qu'accentuer les tensions dans le couple, et ensuite parce que vous ne pouvez pas changer l'Autre, c'est son choix de réagir ainsi. Votre choix à vous est de passer à autre chose, d'entrer dans la paix et de grandir de toutes ces expériences.

Ce qui va changer, c'est votre aptitude à réagir. Ce qui compte, c'est votre souhait de ne plus vous laisser embarquer par vos émotions négatives.

Voici ma définition des quatre mots de sagesse et de la façon dont je les utilise.

Il y a le mot « **désolé** » qui signifie que vous décidez de prendre du recul par rapport à la situation. Vous recevez une mauvaise nouvelle, ou une dispute éclate ; c'est le moment de revenir à l'instant présent, de regarder avec attention votre existence.

Le mot « **pardon** » est le plus difficile et pourtant le plus salvateur des quatre. Il consiste à pardonner à la personne qui en a le plus besoin en ce moment particulier, c'est-à-dire à vous-même. Je me pardonne d'avoir mis en place cette situation dans mon existence. Je suis créateur de ma vie, alors j'ai conscience de ma responsabilité dans ce qui m'arrive aujourd'hui.

Ensuite « **merci** » à la vie, à moi-même, d'avoir créé cette difficulté, car en faisant émerger cette problématique, je prends conscience qu'il s'agit du reflet d'un mal plus profond.

Avec « **je t'aime** », j'envoie l'énergie la plus bénéfique, alors que je suis submergée par des peurs. Je dis ces mots d'Amour à la personne qui souffre et qui souhaite changer de comportement, c'est-à-dire à moi-même. Comme je ne peux donner ce que je n'ai pas, je commence par m'envoyer cette énergie d'Amour, j'apprends à la recevoir pour mieux l'émettre.

Je garde en moi des mémoires qui ne me conviennent plus. Elles me font réagir fortement, aussi, je décide de m'en libérer. Nul besoin de connaître l'origine exacte de mes peurs, je décide simplement de m'en libérer en récitant la formule. Grâce à ces quatre mots, je nettoie à la source de mes peurs.

Je récite « **désolé, pardon, merci, je t'aime** » en silence, à l'intérieur de moi, comme une douce prière où l'Amour et la gratitude s'entremêlent dans un moment de désespoir. C'est une formule qui donne accès à la paix en passant par l'acceptation de ses émotions. Il n'est plus question de se juger et de maintenir un comportement de victime de la vie. Vous prenez conscience qu'à chaque instant, vous pouvez changer votre comportement, et qu'avec cette attitude, vous transformez pas à pas votre existence.

Vous ne pouvez pas changer l'Autre, c'est son choix de réagir ainsi. Votre choix à vous est de passer à autre chose, d'entrer dans la paix et de grandir de toutes ces expériences.

CHAPITRE 1

Un...

ÊTRE SOI, SE DÉCOUVRIR

Avant de vivre à deux, il y a la vie en solitaire. Ce moment est important car il détermine ce que vous souhaitez dans l'existence. J'avoue que cette période n'a pas été des plus évidentes, et pourtant elle m'a permis de voir clairement mes véritables aspirations. Un temps de latence nécessaire pour retrouver mes rêves et me reconnecter à eux. Puis la décision de partager mon existence s'est imposée à moi comme une évidence, cette vie de célibataire n'était pas « mon » rêve. Un jour, je découvris que je voulais aimer et être aimée en retour.

La nouvelle **solitude**

En progression depuis ces dernières années, la solitude ne touche pas seulement les personnes âgées, les moins de 40 ans sont également concernés[1]. Un phénomène qui s'étend dans les pays riches, alors que les nouvelles technologies se targuent de favoriser les contacts interplanétaires grâce aux réseaux sociaux. La relation aux autres est devenue une source de peurs. Fantasme ou réalité, l'Autre, cet inconnu, est souvent associé aux plus bas instincts humains. Il se révèle comme le fantôme de nos échecs et de nos envies, tel un représentant de la part d'ombre que chacun souhaite maintenir dans les profondeurs de l'oubli.

La relation aux autres est devenue une source de peurs.

Le Japon a souvent été le précurseur dans le changement de comportements liés à l'évolution technologique. Il y a dans ce pays un profond besoin d'appartenance, c'est ainsi que la

1 Enquête de l'institut d'études TMO Régions, pour l'observatoire de la Fondation de France, juillet 2014.

peur de sortir de la « norme » peut conduire à des comportements extrêmes. À chaque fois que les médias pointent du doigt une extravagance nippone, il suffit de quelques mois pour s'apercevoir que notre continent vit déjà ce mouvement. Pour exemple je citerai les suicides sur le lieu de travail qui sont devenus notre actualité, et aussi l'identification à un avatar, qui est à ce jour une forme de reconnaissance tribale.

C'est au pays du Soleil levant que j'ai découvert, *via* un reportage, un phénomène qui semble prendre une réelle ampleur. Des personnes, que l'on nomme pudiquement ***sexless***, c'est-à-dire « sans rapports sexuels », composent la plupart des couples. Il en va de même pour la nouvelle génération qui commence à préférer la vie en solitaire aux soirées en groupe. Que ce soit au karaoké ou au restaurant, une partie de la jeunesse vit cette forme de célibat, car « être seul, c'est mieux ».

Cette attitude ***sexless*** peut sembler anodine, voire plutôt saine au milieu d'une société qui exhibe de plus en plus la pornographie, cependant il me semble y déceler une grande détresse.

En regardant ce documentaire, je compris que toucher l'Autre ou avoir un contact physique signifiait pour certains faire appel à des compétences pour être dans la performance. Après la journée de travail, les relations intimes autant que les simples caresses semblent être contaminées par ce besoin d'exceller et, pour cette raison, les hommes et les femmes, préfèrent oublier cette part de leur existence plutôt que de devoir tenter de « briller » dans ce domaine. Ainsi, ils se réfugient dans le virtuel et la compagnie monnayable. On s'offre un moment de douceur dans un « bar à câlins » et des conversations séductrices dans un restaurant. Les femmes privilégient leur carrière à un mariage, les hommes ne souhaitent pas être sollicités après leur journée de bureau. Le temps de partage avec l'Autre est devenu insupportable quand il n'est pas régulé par l'argent.

La nouvelle solitude est un choix, une façon de se protéger de la déception, autant de soi que de l'Autre. Mais peut-on réellement vivre sans l'Autre ?

À la fin de ce reportage, j'ai compris que cela concernait aussi notre continent. Peut-être avec de légères différences, mais la notion de « prouesse » existe déjà dans l'apparence. Ne pas avoir un corps mince, musclé, une peau sombre ou claire peut se vivre comme un échec, une perte de confiance et d'estime de sa personne. Il suffit d'ajouter à cela une expérience amoureuse difficile, et c'est ainsi que de plus en plus de personnes se « retirent du bal ».

Ce comportement selon lequel des hommes et des femmes préfèrent ne plus se toucher et se coupent de toute sensation physique résonne plutôt comme la peur de l'échec dans la relation que comme la peur de l'Autre. Une situation compliquée à gérer dans un monde où l'Amour semble avoir été réduit à une performance physique. La nouvelle solitude est un choix, une façon de se protéger de la déception, autant de soi que de l'Autre, mais peut-on réellement vivre sans l'Autre ?

100... 10... 1

Vivre avec l'Autre est une notion qui a subi une véritable mutation au gré des siècles, notamment avec la montée de l'individualisme Autrefois, il y avait le clan, il se composait d'un chef et des acteurs de la communauté qui œuvraient ensemble pour leur survie. Puis au début du XXe siècle, la notion de groupe diminua jusqu'à se concentrer sur la famille proche où les grands-parents, les oncles, les cousins avaient encore leur place. C'est au début des années 1950 qu'arriva l'image de la « famille idéale » : une maison, une voiture, avec un papa, une maman et deux enfants, un garçon et une fille de préférence. La transformation continua avec la « libération de la femme », et la famille devint monoparentale. Il ne fallut que quelques petites années pour voir les célibataires devenir de plus en plus nombreux. Une évolution qui correspond aux exigences de la société moderne ; les nouvelles technologies demandant de plus en plus de temps et d'espace, au détriment du lien social.

Les nouvelles technologies demandant de plus en plus de temps et d'espace, au détriment du lien social.

J'ai fait ce constat en arpentant la planète et en observant mes contemporains qui vivent dans

des régions retirées : l'individu est indissociable du groupe.

J'observais les femmes qui lavaient leur linge dans le ruisseau qui passait au pied des habitations. Mais j'appris qu'un jour cette eau s'est trouvée polluée par l'installation d'une fabrique en amont. Les habitants se trouvèrent privés d'une ressource tout en bénéficiant d'une nouvelle dynamique économique. Le choix de la communauté avait engendré un changement individuel.

Dans mes périples au cœur du monde asiatique, je compris également que chaque individu pouvait influer sur le groupe. Durant les festivités, les prestations individuelles peuvent apporter prestige ou déshonneur au clan que chacun représente. Faire profiter de son talent ou montrer son désengagement vis-à-vis d'un groupe a des répercussions sur la renommée de la communauté.

Cette interaction se situe dans tous les domaines de l'existence et agit autant du groupe vers l'individu que de la personne vers la communauté. J'insiste sur cette influence, car l'expérience m'a fait prendre conscience de cette évidence que je refusais d'admettre.

Vivre seule fut une expérience que j'intégrai dans mon parcours afin de me maintenir hors du champ de cette société que je trouvais inconfortable. Je faisais tout ce que je pouvais pour m'éloigner des personnes que je trouvais insupportables, et c'est ainsi qu'insidieusement, je pris mes distances avec toutes celles qui remettaient en cause mes vérités.

Petit à petit, je commençai à prendre de la distance avec les autres, et surtout avec moi-même. Petit à petit, j'entrai dans la vie en solitaire. J'étais persuadée que c'étaient les autres, la société ou les situations compliquées qui m'avaient obligée à me plonger dans cette solitude. Je n'avais pas conscience de mon comportement et de l'impact qu'il pouvait avoir sur mes relations. Ma conviction était qu'il m'avait été imposé de vivre seule.

C'était vrai d'une certaine façon, seulement ce n'était pas à cause « d'eux » – de la société ou de la Vie – que je menais cette existence, c'était à cause de moi… ou plus exactement de mon Ego, le maître de mes peurs et de mes mémoires « limitantes ». Je vais développer un peu plus loin ces notions d'Ego et de mémoires.

À force de m'éloigner des personnes que je trouvais insupportables, insidieusement, j'ai pris mes distances avec toutes celles qui remettaient en cause mes vérités.

La connexion qui existe entre vous et la société, vous et les autres, se situe aussi dans ce mouvement intérieur. Vous réfugier dans votre bulle vous empêche de communiquer autrement que par les filtres que vous avez mis en place. Et si vous considérez l'Autre comme un profiteur ou un égoïste, vous ne verrez que ce type de comportement et surtout vous ne détecterez que les individus qui entrent dans ce schéma. Votre attitude sera dictée par ces filtres et, inévitablement, vous attirerez à vous des situations dans lesquelles vous verrez émerger des comportements égoïstes ou profiteurs de la part d'autrui. C'est un phénomène qui, en devenant récurrent, va vous conforter dans cette idée que les Autres ont « tous » cette tendance, et que vous devez vous en protéger.

J'ai pratiqué la solitude en ayant cette attitude de victime et, un jour, j'ai décidé qu'être seule n'empêchait pas d'être heureuse. Ce qui s'est passé ensuite relève du miracle ou de l'expérience ; tout dépend de votre façon de voir les événements.

Apprendre à **vivre seul**

Alors qu'une sirène d'alarme chante depuis vingt minutes dans ma rue, je comprends à quel point il est facile de rester focalisé sur ce qui dérange. La capacité de notre cerveau à faire le tri des événements varie selon le programme que chacun décide d'appliquer. Si je décide que ce bruit d'alarme est énervant, je concentre toute mon attention sur lui et permets à mon mental de m'entraîner dans les : « **C'est intolérable… ça ne sert à rien de mettre une alarme si personne ne vient… c'est impossible de se concentrer dans ces conditions !** » La machine intérieure s'emballe tout en m'empêchant de travailler… et de m'entendre dire : « C'est la faute de cette alarme si je n'arrive pas à écrire. »

Ou alors, je décide de reléguer cette nuisance au second plan, tout en prêtant attention à la beauté de l'instant. Il fait un temps magnifique, le ciel est bleu azur, le soleil chauffe doucement cette matinée d'automne, et j'ai une vue splendide sur la montagne Sainte-Victoire. Je reprends l'écriture, et le bruit s'éloigne de moi autant que je me rapproche de la pureté du moment.

J'ai pris le temps de me poser cette question chaque matin : « Qu'est-ce qui te ferait vraiment plaisir aujourd'hui ? »

Cette façon de vivre les événements est un apprentissage de chaque instant. Je me suis donné le temps d'entrer dans cette énergie il y a quelques années.

Pour y arriver, il m'a fallu de la patience, envers moi tout d'abord, et je l'ai apprise en même temps que j'ai commencé à me connaître.

Lorsque je suis entrée dans cette phase « solitaire », et surtout « solitaire heureuse », j'ai pris le temps de me poser cette question chaque matin : « Qu'est-ce qui te ferait vraiment plaisir aujourd'hui ? »

Bien sûr, je proposais des réponses cohérentes avec ma situation pour éviter de tomber dans le manque. Aussi, il n'était pas question de me dire que je devais changer de patron ou de collègues de travail, ou encore espérer gagner des millions au Loto. Je regardais plutôt les moments agréables qui étaient à venir, que ce soit être avec des personnes que j'apprécie autour d'un café à la pause déjeuner, ou encore un film amusant qui allait passer à la télévision le soir, et je m'imaginais préparant cet instant de détente en allégeant mes contraintes de la soirée pour y être intégralement présente.

Chaque matin, je regardais ce qui pouvait se transformer en moment de délice dans ma journée à venir. Et plus j'entrais dans cette énergie, plus il m'était facile de trouver une situation qui pouvait devenir un moment formidable. Ce que je trouvais assez incroyable dans cette pratique, c'est que cela fonctionnait : mes journées devenaient plus agréables, et même s'il existait des situations difficiles à gérer, elles ne prenaient plus toute la place dans mon existence.

Que vous soyez seul ou en couple, prenez le temps de pratiquer l'exercice suivant au quotidien.

HO'OPONOPONO

EXERCICE
DU MATIN

VIVRE **1 INSTANT**
DE BONHEUR PAR JOUR…

AU MOINS !

1

Dès que vous ouvrez les yeux, restez encore quelques minutes dans votre lit et passez votre journée à venir en revue dans votre esprit, en partant de la fin.

Imaginez-vous le soir, allant vous coucher détendu et heureux parce qu'aujourd'hui il vous est arrivé quelque chose de très agréable.

Posez-vous cette question : « Qu'est-il arrivé de formidable aujourd'hui, qu'est-ce qui m'a fait plaisir et a illuminé ma journée ? »

2

Préparez cet instant dans votre tête,
mettez-y toute la joie de le vivre,
et lorsqu'il se présentera à vous,
soyez entièrement à lui, pleinement présent.

Donnez-vous le temps chaque jour
de faire surgir cet événement en le rendant
agréable et convivial.

3

Et si vous avez l'impression de ne voir
que des corvées dans cette journée à venir,
alors... créez cet événement !

Mettez tout en œuvre pour que
cette journée soit LE jour
où vous vous êtes vraiment fait plaisir.

Tout peut se transformer en joie !

Lorsque vous faites ce petit exercice, vous pouvez, par exemple, décider de profiter du soleil qui apparaît ce jour, en allant prendre votre repas dans un parc au lieu de déjeuner à la cafétéria. Ou une séance « Spa-maison » que vous prévoyez de faire dans votre salle de bains après la journée de travail en vous octroyant une heure entière à vous occuper de vous.

Vous pouvez aussi faire de ce rendez-vous chez le coiffeur, de la séance de sport, d'une courte balade en ville, de la découverte d'une nouvelle boutique, de l'anniversaire au bureau... un moment de pur plaisir.

Tout peut se transformer en joie, comme commencer la lecture d'un nouveau roman, écouter de la musique, classer vos photos, aller écouter le petit à son cours de musique, téléphoner à un ami longtemps mis de côté...

J'ai relevé ce défi pour m'éloigner de mon rôle de victime et de ses conséquences. Il y eut des moments où ce fut plus facile qu'à d'autres, seulement j'ai insisté, car je sentais la transformation positive se faire les jours où je réussissais.

Cette méthode m'a aussi permis de comprendre que c'était moi qui pouvais donner le ton de mon existence, et personne d'autre. Ainsi, je pris le temps de composer mes loisirs en faisant ce que j'aimais réellement et non ce qu'il était convenable de faire. Cela pouvait aller de ma participation à des associations de bienfaisance jusqu'à des heures de randonnée. Mon temps n'appartenait qu'à moi et je me devais d'en faire bon usage.

Le plus formidable dans cette découverte était encore à venir. C'est en relevant chaque jour le défi de vivre avec « un instant de bonheur par jour » que je découvris ce que je souhaitais faire de mon existence.

Petit à petit, je me suis révélée à moi-même. J'ai osé mettre en place ce qui me faisait vibrer de joie. J'ai oublié mes peurs et j'ai laissé surgir ce qui me mettait sur la vibration d'Amour. Et le miracle se produisit. Sereine, je gérais les problèmes du quotidien avec de plus en plus de légèreté. Au lieu de regarder le verre à moitié vide, je regardais tout ce qu'il y avait de plaisant et d'agréable dans mon existence. En fait, je découvrais que j'avais envie de vivre, et non de survivre. Le changement s'opéra en douceur, et je pris le temps nécessaire à cette mutation.

Il est nécessaire de comprendre qui l'on est, ce qui compose notre nature, et comment il est possible de l'appréhender.

La plupart des moments de joie se font autant dans le partage que dans l'accomplissement de soi. L'Autre s'intègre doucement dans cet art de vivre le bonheur. Un apprentissage tout en délicatesse qui permet d'intégrer qu'être heureux part de soi avant de rayonner vers ses proches. Pour cela, il est nécessaire de comprendre qui l'on est, ce qui compose notre nature, et comment il est possible de l'appréhender. J'ai envie de qualifier ce cheminement d'« égo-excentrique », c'est c'est-à-dire qui va de son centre vers l'extérieur, tout en se libérant de ses peurs.

Les peurs de l'Ego

Avoir envie d'être heureuse m'avait conduite à une autre révélation intérieure beaucoup plus profonde. Derrière mes peurs surgit un rêve que je n'avais jamais osé regarder en face, c'était celui de vivre à deux. Avant de m'avouer cette évidence, il se passa quelques années pendant lesquelles je passai par le rejet de la vie de couple. Ma première expérience du divorce m'avait amenée à cette conclusion : « Je veux être libre. » Je comprends aujourd'hui que j'aurais dû me poser cette question : « **De quoi est-ce que je veux me libérer ?** » En y réfléchissant, cette liberté à laquelle j'aspirais, et qui semblait être la solution à mes problèmes du moment, était de pouvoir agir sans avoir à me référer à qui que ce soit. Être maman très jeune occasionne des contraintes, et je n'avais pas envie d'en ajouter. Seulement je n'avais pas conscience que mes peurs étaient très fortes, et je me mis à vivre une existence dans laquelle les obligations dont je voulais me défaire prirent toute la place. La seule chose que j'avais libérée, c'était mon Ego, et il se chargea de ma vie pendant quelques années. Ce furent les moments les plus difficiles de mon existence.

À notre époque, il est courant d'entendre dire que le célibat chez les femmes est une anomalie. Est-il possible de ne pas avoir d'enfants, de ne pas être marié et de mener une carrière exemplaire sans avoir un véritable problème de fond, vous diront certains. Dans les années 1970, être une femme seule et ne pas envisager une vie de famille était tout simplement révolutionnaire. Aujourd'hui, cela peut sembler angoissant pour la gent masculine dont la plupart estiment que c'est la preuve que ces femmes « ont un problème » et ne peuvent être de bonnes épouses.

Vous ne pouvez reconnaître une chose que si vous l'avez déjà connue. Il en va de même pour les émotions et les comportements.

À l'inverse, un homme qui a divorcé plusieurs fois ressemble à un noble conquérant. On loue sa persévérance en lui souhaitant de trouver la perle rare. Et lorsque cela arrive, la durabilité de ce nouveau duo est mise à l'épreuve par l'entourage, qui estime qu'il s'est « encore » trompé. Il n'est pas rare de constater que les hommes quittent leur femme pour une autre, alors que la plupart des femmes préfèrent rester seules que mal accompagnées. Une

attitude qu'il est difficile de comprendre pour les deux sexes et peut amener à des problèmes de communication.

Dans les deux cas, il s'agit d'une manipulation de l'Ego, d'un programme mis en place depuis notre plus tendre enfance, qui s'appuie sur les croyances populaires et les théories à la mode. Aujourd'hui, la presse spécialisée parle de « pervers narcissique » ou de « comportements manipulateurs », alors qu'il y a quelques années les gros titres se faisaient autour de la révélation selon laquelle le cerveau gauche ou le droit était prédominant selon le sexe de l'individu.

Il est évident que le féminin et le masculin sont autant disponibles chez l'homme que chez la femme. Cependant, nous sommes passés d'un constat à une accusation. Même si certaines personnalités ont des tendances narcissiques, il n'empêche que ce comportement n'est visible chez l'Autre que si l'on a soi-même expérimenté cette attitude.

Je parle toujours de « re-connaître » ce qui existe chez l'Autre. En effet, vous savez que ceci est un livre parce que vous avez déjà eu un livre entre les mains. Vous ne pouvez ***reconnaître*** une chose que si vous l'avez déjà connue. Il en va de même pour les émotions et les comportements. Vous reconnaissez la jalousie, le chagrin, l'envie, la paresse parce que vous avez déjà expérimenté ces émotions. Cette tendance à juger l'Autre est ce qui pose problème dans la plupart des relations, parce que l'on oublie qu'il s'agit d'une perception très personnelle. Le regard que vous portez sur l'Autre est imprimé de cette réflexion intérieure, et elle n'est pas LA vérité, il s'agit de VOTRE vérité.

Pour revenir à l'Ego - cette part que chacun entretient à coup de peurs et de mémoires –, il est devenu essentiel de le reconnaître afin de mieux le comprendre, et cela pour mieux s'en défaire.

L'Ego se joue de nos peurs et donne crédit à nos émotions négatives en affirmant que c'est une « injustice ».

Je considère que chacun d'entre nous se compose de trois parties qui sont : le corps, le mental et le Moi profond. L'Ego siège dans le mental avec une relation très forte au physique. Seulement le corps est éphémère ; cette formidable machine doit mourir un jour, c'est une notion très difficile à tolérer pour le mental. Ainsi, des peurs s'agitent dans l'esprit de celui ou de celle qui se rend compte de sa fragilité terrestre. De plus, le corps ne peut être à deux endroits à la fois, que ce soit dans l'espace ou dans le temps ; c'est une autre notion qui affole le mental, qui l'amène à vaciller une fois dans la dévalorisation, et une autre fois dans la frustration. L'Ego se joue de ces peurs liées à des phénomènes naturels qu'il est impossible de modifier, il donne crédit à nos émotions négatives en affirmant que c'est une « injustice ».

Les « je suis » de l'Ego

L'Ego adore se mettre dans des jeux de rôles. « Je suis *manager* d'une équipe », « je suis le meilleur vendeur de la concession », « je suis l'héritier de l'entreprise familiale », « je suis père de deux enfants », « je suis l'épouse du député-maire ». Tous ces « je suis » qui précèdent une étiquette donnée par le métier, la position sociale et familiale sont tout aussi éphémères que le corps. C'est d'ailleurs à ce niveau que siègent les plus grands problèmes liés à l'Ego. Dès que vous perdez votre emploi, que vous divorcez, que l'affaire familiale s'écroule et que vos enfants quittent le cocon familial, c'est la déchirure intérieure. Une souffrance qui vous prend aux tripes jusqu'à vous donner l'impression de perdre votre identité. Il suffit même à l'Ego d'imaginer qu'un tel changement puisse avoir lieu pour que les peurs viennent vous submerger avant que quoi que ce soit ne se produise. Pour exemple, j'aimerais vous conter ce que mon ami m'a rapporté d'une discussion avec un employé d'une grande société de communication installée dans une des plus belles régions de France. Alors que mon ami l'interrogeait sur les possibilités de se faire muter dans cette grande

L'Ego peut facilement prendre la main sous prétexte qu'il s'agit d'une réalité, et qu'au lieu de se réjouir de l'instant il faut appréhender l'avenir.

société, le visage de son interlocuteur se tendit, et la discussion coupa court. Mon ami prit conscience que la plus grande peur de ces employés qui travaillaient dans un cadre hors norme était de quitter ce lieu, et que chaque jour ils vivaient dans l'angoisse de cette perte. Une tension qui se ressentait dans les actes de chacun, où il n'était plus question d'apprécier la chance de passer ses journées dans un tel endroit, mais plutôt de vivre dans la peur de le perdre.

L'Ego peut facilement prendre la main sous prétexte qu'il s'agit d'une réalité, et qu'au lieu de se réjouir de l'instant il faut appréhender l'avenir. Il sous-entend également que ce statut de privilégié vous définit complètement, et que si vous le perdez, vous perdez tout. La preuve : des souffrances insurmontables vont apparaître parce que votre famille devra quitter un cadre qu'elle adore, parce qu'aux yeux de cette même famille vous serez coupable d'avoir brisé son bonheur...

une rengaine que l'Ego sifflote au quotidien. Il devient alors facile d'oublier que c'est grâce à ce poste que votre famille vit dans un tel environnement, et que c'est toujours grâce à la prise de risque – celui de se faire muter – que vous avez pu y arriver.

C'est ici que la méthode Ho'oponopono peut vous ouvrir des portes...

Comment peut-on se laisser berner à ce point par le jeu de l'Ego ? C'est une question à laquelle j'ai pu avoir des réponses en écoutant des hommes inspirants, tels qu'Eckhart Tolle et le Dr Wayne Dyer. Dans la réflexion de ces personnes revient toujours cette notion identitaire. L'Ego aime à s'identifier à des notions extérieures comme dans les exemples que je vous ai cités plus haut. Du métier à la position familiale, il est facile de se représenter comme individu. Seulement, tout change en permanence, et l'Ego subit ces modifications comme une perte qu'il est impossible de combler. L'événement qui surgit, le deuil, le licenciement, la faillite, la séparation ne peuvent être modifiés, et pourtant l'Ego s'échine à vouloir se retrouver « comme avant », alors qu'il n'en a pas les possibilités.

Ce que j'ai compris avec les années et mon expérience, c'est que l'Autre n'était pas l'origine de ma souffrance.

C'est ici que la méthode Ho'oponopono peut vous ouvrir des portes. Au lieu de vouloir transformer la situation, vous avez les moyens de transmuter vos émotions, celles qui ont surgi face à cette nouvelle situation, et qui vous font souffrir.

Ce que j'ai compris avec les années et mon expérience, c'est que l'Autre n'était pas l'origine de ma souffrance. Non, ce n'est pas votre conjoint qui vous apporte la douleur, car lorsque vous vivez en solitaire, l'absence de conjoint peut aussi déclencher de grandes peines. La source de mes douleurs est intérieure, c'est en moi que siègent ces malaises, et ils jaillissent dans mon être comme un volcan qui se réveille après des siècles de sommeil. Mes peurs sont semblables à la lave qui veut émerger des entrailles de la Terre. Elles brûlent en moi et attendent une faille pour pouvoir surgir. C'est alors que le séisme que provoque une phrase telle que : « Tu es toujours incapable de faire la différence » réveille en soi des mémoires anciennes. Comme un puzzle qui vient d'être bousculé du pied, les plaques tectoniques de votre passé basculent par le réveil d'un mot, d'une phrase, en vous renvoyant à votre histoire.

Et puis la peur prend le dessus, vous vous sentez comme l'enfant que vous étiez: « incapable » d'agir, de faire quoi que ce soit, sauf que cette fois, vous êtes adulte et que vous ne pouvez plus contenir cette peur. Elle doit apparaître au grand jour pour que vous puissiez mieux vous en défaire. Elle doit exploser de toute sa puissance, de toute sa laideur, pour vous permettre de mieux la regarder en face et de l'accepter pour ce qu'elle est, c'est-à-dire une mémoire, une ancienne croyance qui vous a permis de grandir et de devenir ce que vous êtes aujourd'hui : un adulte qui, jour après jour, se construit de ses drames et de ses joies.

Se détacher des mémoires

Durant mon enfance, j'ai vu mes parents se débattre dans l'espace étroit que forme une famille. J'ai observé ces rôles que chacun endossait dans l'espoir de se faire aimer ou reconnaître des siens et, de cet acharnement, la plupart du temps ils revenaient bredouilles. Tellement de frustration pour si peu de satisfaction. Même si l'enfant que j'étais ne comprenait pas le monde des adultes, je ressentais pleinement les peines et les espoirs déçus des hommes et des femmes qui m'entouraient. J'ai pris leurs attitudes et leurs expériences pour modèles, j'ai intégré leur vie dans la mienne, j'ai construit mon histoire à partir de leurs paroles et j'ai grandi avec cette vérité que j'ai faite **mienne**.

Les mémoires sont le reflet de ce que votre être profond a adopté pour vous permettre d'évoluer.

C'est ainsi que les mémoires collectives et familiales se concentrent en chacun de nous et forment l'adulte que nous sommes aujourd'hui. Il n'y a pas de bonnes ou mauvaises mémoires, simplement des paroles et des gestes que vous avez adoptés et réinterprétés tout au long de votre existence.

À regarder ses parents évoluer, l'enfant grandit avec une vision du couple issue du comportement des adultes et de l'interprétation qu'il en fait. Certains y verront une façon de culpabiliser un peu plus les parents qui les ont élevés. Seulement, sachez que même à deux ans, vous disposiez déjà de votre personnalité, celle qui vous a fait adopter certains comportements et en oublier d'autres. Observez vos frères et sœurs, ils n'ont pas retenu les mêmes habitudes de vie que vous, ils en ont « choisi » certaines et mis d'autres de côté, simplement parce que cela ne résonnait pas en eux.

Telles des voies issues d'un autre monde, les mémoires sont le reflet de ce que votre être profond a adopté pour vous permettre d'évoluer. Elles vous ont permis de vous construire, et une fois l'objectif atteint, il est temps de vous en séparer. C'est à ce niveau que j'ai compris ce que l'enseignement bouddhiste transmettait sous le mot « détachement ».

Il ne s'agit pas simplement de se détacher du matériel et de vivre dans le dénuement. Mais plutôt d'un autre regard, plus profond, sur ce que le monde de la matière apporte à chacun, et qui demande une attitude en lien avec sa nature profonde.

Comme je vous l'ai dit plus haut, l'Ego aime s'identifier à tout un tas d'étiquettes aussi éphémères les unes que les autres, d'où la grande souffrance qu'il génère lorsque l'une d'entre elles disparaît. Il en va de même avec les mémoires, collectives, familiales ou culturelles. Ces comportements qui vous ont protégé lorsque vous étiez enfant vous amènent aujourd'hui à vivre de grandes souffrances, lorsque les personnes qui vous entourent n'entrent pas dans ce schéma. C'est un véritable carnage intérieur lorsque vous découvrez que votre père a connu une autre femme, alors qu'il vous a toujours inculqué la loyauté. Ainsi, la révélation de cette attitude, qui n'entre pas en adéquation avec ce que vous avez intégré de cette « loyauté », peut engendrer une douleur issue de la déception, l'image du père peut alors s'effondrer. Est-il possible de regarder cela autrement ? Et s'il s'agissait seulement d'une question de perspective ?

Tant que l'Ego se confortera dans l'idée que c'est la Vérité avec un grand V, vous ne pourrez que souffrir de cette version de l'existence.

Soit vous décidez de regarder cette attitude à partir de votre Ego, et vous entretenez cette lourde déception et entrez dans la colère de voir l'image de votre père ainsi détériorée. Soit vous regardez cela de votre Moi profond, celui qui est relié à l'information universelle, et qui vous permet d'intégrer le fait qu'être fidèle à ses idées, à ses aspirations profondes, peut amener un homme, comme votre père, à rencontrer une personne qui ira dans la même direction que lui. Votre frère a peut-être compris cela, puisque vous vous interrogez sur sa façon de réagir, qui l'amène à être encore plus près de votre père qu'il ne l'a jamais été.

Le détachement de cette mémoire est ce qui va vous permettre de vous libérer. Tant que l'Ego se confortera dans l'idée que c'est la Vérité avec un grand V, vous ne pourrez que souffrir de cette version de l'existence. En effet, chaque situation de votre vie d'adulte vous amènera à vivre régulièrement une déception sur la vision que vous avez de la loyauté, jusqu'à ce que vous vous décidiez à vous libérer de cette mémoire. Elle vous a servi durant des années, elle vous a construit et permis de matérialiser votre vie, il est temps de la remercier et de lui dire adieu.

Je ne vous recommande pas de vous éloigner de la « loyauté », mais plutôt de l'interprétation qu'en a faite votre Ego. Aujourd'hui, cette mémoire vous fait souffrir. Il convient de nettoyer l'énergie négative qui apparaît dans les situations où elle s'est réveillée. C'est ici que la pratique de Ho'oponopono intervient. Une manière de retrouver le lien avec sa nature profonde, et d'éliminer les peurs et les douleurs qui sont générées par l'Ego.

L'acceptation permet de vous détacher de la situation en acceptant vos émotions.

Pour atteindre ce détachement, vous devez passer par ce que j'appelle l'« acceptation ». C'est le moyen le plus efficace pour entrer dans la transformation intérieure. Je vous parle ici d'accepter vos émotions, d'accepter le fait de ressentir la déception ou la colère. Acceptez votre douleur pour ce qu'elle est, un appel de votre Moi profond, un signal d'alarme sur le fait qu'une mémoire vous paralyse dans votre évolution, et qu'il est temps de vous en défaire.

L'acceptation permet de vous détacher de la situation en acceptant vos émotions. Et de cette prise de recul va naître un espace où

C'est le mouvement de la vie, il est naturel, imparfait et pourtant idéal à l'évolution de chacun d'entre nous.

vous trouverez l'inspiration. Une étape essentielle que j'ai découverte grâce à la pratique de Ho'oponopono. Pour cela, je vous invite à réciter la formule « **désolé, pardon, merci, je t'aime** » à l'intérieur de vous dès que vous sentez monter des émotions négatives. Quelle que soit la situation ou la mémoire qui est réveillée, dès qu'une souffrance intérieure apparaît, vous savez qu'il s'agit d'un schéma qui ne vous convient plus puisqu'il vous fait souffrir. C'est votre réaction à ce qui arrive qui est douloureuse, pas la situation en elle-même, d'ailleurs vous ne pouvez intervenir sur les faits, ce qui est arrivé est arrivé. C'est le mouvement de la vie, il est naturel, imparfait et pourtant idéal à l'évolution de chacun d'entre nous.

Je **m'aime**

Comment est-il possible d'aimer si ce n'est en commençant par s'aimer soi-même ? Peut-être que cette idée vous semble saugrenue, voire indécente, car qu'y a-t-il de plus difficile à aimer que sa propre personne sans tomber dans la vantardise ? Qu'est-ce qui peut vous rendre plus mal à l'aise que de vous aimer malgré vos erreurs et vos échecs ? Et surtout, comment peut-on envisager d'aimer celle ou celui que vous voyez dans le miroir, alors que vous lui trouvez tous les défauts de la Terre ? C'est pourtant en apprenant à vous aimer que vous entrerez dans une véritable histoire d'Amour.

Le temps de l'Amour est précédé du temps de l'acceptation.

Le temps de l'Amour est précédé du temps de l'acceptation. Un territoire où l'enfant que j'étais naviguait sans complexes, jusqu'à ce que je découvre les limites de mon univers. Dès que les Autres sont entrés dans ma vie, quand je suis allée à l'école et que des adultes ont commencé à me donner des appréciations et des notes, j'ai compris que le monde pouvait être cruel et doux à la fois.

En dehors du cocon familial siègent des peurs qui viennent contaminer les petits êtres en devenir. C'est un moment particulier qui fait surgir la notion de « choix ». À l'école, je me dirigeais vers des créatures qui me ressemblaient, trouvant dans leur regard une attention qui me rappelait ce que je vivais auprès des miens. Garçons et filles déambulent dans la cour de récré à la recherche d'une tribu qui rappelle la maison, et ils découvrent que le comportement et les paroles sont un moyen de s'intégrer à un groupe. J'avais l'impression de ne pas avoir besoin de me changer pour m'intégrer à telle ou telle tribu, aussi, je restais moi-même, parfois solitaire, parfois en compagnie amicale.

Retrouver son innocence, c'est se reconnecter à cette façon de s'aimer. S'accepter tel que vous êtes demande une vigilance de chaque instant.

Mais, en regardant en arrière, je m'aperçois que j'adoptais une attitude qui était le reflet de ce que je voyais chez mes parents ou chez d'autres adultes que je croisais dans ma jeune vie. Tous les enfants imitent les adultes, et ces petits êtres, en grandissant, se rassemblent selon les mêmes critères que leurs parents.

J'aime me rappeler que l'avantage de l'enfance est d'être en parfaite connexion avec son être profond. Que vous l'appeliez le temps de l'innocence ou de l'inconscience, c'est la période où vous étiez connecté à votre véritable nature, que j'appelle le Moi profond. Certains rejettent cette notion, car pour eux l'inné et le vécu semblent indissociables. Pourtant, je ne peux m'empêcher d'exprimer avec certitude que je ne suis pas seulement ce corps et toute mon histoire, je suis au-delà du temps et de l'espace. Il n'y a aucune usure dans ce que je suis au plus profond de mon être, la petite Nathalie de 3 ans est toujours là.

Je ne parle pas des souvenirs que les photos ont immortalisés ou que les membres de ma famille me racontent, je parle bien de cette part de moi qui découvrait son environnement et qui, aujourd'hui encore, se demande si elle a atterri sur la bonne planète !

J'étais sans jugement, regardant mes camarades pleurer, rire et jouer. J'étais dans l'acceptation de mon corps, qui semblait bouger du mieux qu'il pouvait et dont les souffrances infligées par les chutes disparaissaient aussi rapidement qu'elles étaient venues. Puis, au gré des années, je commençai à regarder avec émotion ce que je représentais. C'est ainsi que, de l'acceptation de ce que j'étais, je passai au jugement de ce que je pouvais représenter aux yeux des autres.

Retrouver son innocence, c'est se reconnecter à cette façon de s'aimer. S'accepter tel que vous êtes demande une vigilance de chaque instant. En tant qu'adulte, vous avez perdu le goût de la simplicité. Préférant les références extérieures pour vous évaluer, vous devenez de plus en plus exigeant avec vous-même. Le tiraillement intérieur vient de cette obsession à vouloir se faire accepter par les autres. Et chacun imagine ce que l'Autre pourrait apprécier, sans lui avoir auparavant posé la question. Les mémoires

Chacun imagine ce que l'Autre pourrait apprécier, sans lui avoir auparavant posé la question.

que vous avez intégrées dans l'enfance sont devenues des éléments de référence. C'est avec elles que vous agissez et d'elles que dépend votre attitude dans la vie.

La méthode Ho'oponopono nettoie votre cœur et votre regard des mémoires qui altèrent votre perception.

Comme la pluie qui s'écoule le long des vitres, vos mémoires viennent s'étaler sur votre regard et sur votre cœur. Quand vous regardez au travers de la fenêtre maculée par la pluie, le paysage est différent, et vous ne percevez qu'au travers d'une multitude de gouttelettes déformantes le monde qui vous entoure. Les gouttes sont les mémoires que vous avez accumulées dans votre vie passée, elles modifient la réalité tout en la préservant dans son ensemble. Essuyez l'eau qui s'est accumulée sur les vitres et vous verrez beaucoup plus clairement la situation. C'est ainsi que la méthode Ho'oponopono fonctionne, elle nettoie votre cœur et votre regard des mémoires qui altèrent votre perception. La formule se récite en boucle à l'intérieur de vous, afin d'effacer toute trace des mémoires qui vous font souffrir.

Dans ces quatre mots de sagesse que sont « **désolé, pardon, merci, je t'aime** », il y a un message d'Amour très fort. Une énergie qui est déployée à l'attention de celui ou de celle qui la récite pour en devenir l'émetteur. Parce que vous ne pouvez émettre ce que vous n'avez pas en vous, vous ne pouvez donner que ce dont vous disposez, c'est une évidence dont il est parfois utile de se souvenir.

Comment pouvez-vous aimer sans avoir déjà reçu cet Amour ? Et pour aller plus loin encore, comment pouvez-vous être aimé si vous n'avez

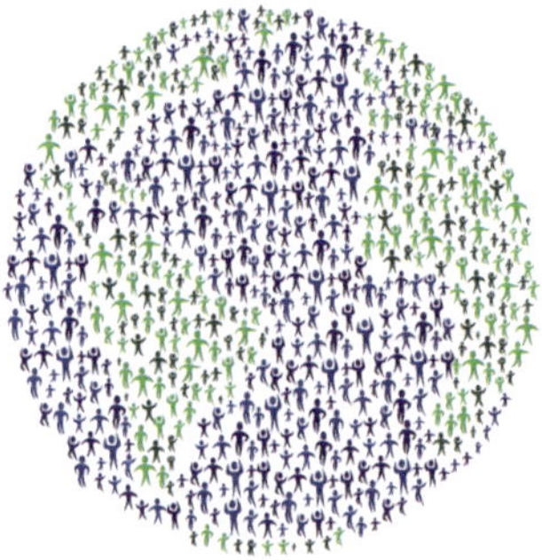

Considérez-vous comme le résultat de millions d'années d'essais et d'expériences que la Vie a mis en place pour que vous puissiez voir le jour.

pas en vous cet Amour ? Il est difficile d'attirer à soi des personnes qui sont prêtes à vous aimer, si vous-même ne pouvez accepter cet Amour et vous en imprégner.

Pour commencer cet apprentissage qui est de s'autoriser à recevoir de l'Amour, commencez par accepter celui qui vient de vous-même. Tel l'enfant que vous étiez, retrouvez le goût de la découverte de ce que vous êtes, parfaitement imparfait, avec des rêves et des peurs, avec des envies et des doutes, avec de la grandeur d'âme et de la petitesse dans vos actions, soyez dans l'acceptation de tout ce que vous représentez. Un être naît de la rencontre d'un homme et d'une femme, qui un jour ont mis tout en œuvre pour que vous apparaissiez. C'est un miracle de la nature, un improbable concept duquel chacun d'entre vous est issu. Dans ce chaos magnifique qu'est votre organisme, se produisent des rencontres cellulaires permettant à la vie humaine de perdurer malgré les maladies et les catastrophes. Un programme venu de la nuit des temps, qui inspire le respect.

Chacun d'entre vous est le représentant de ce miracle universel ; rien que pour cela, vous méritez toute l'attention et l'admiration. Considérez-vous comme le résultat de millions d'années d'essais et d'expériences que la Vie a mis en place pour que vous puissiez voir le jour. C'est bien la preuve qu'elle a voulu votre présence sur cette petite planète bleue.

La Vie vous a souhaité. Vous avez été désiré par elle comme on désire que le soleil vienne au printemps. C'est pour tout cela que vous devez comprendre que votre présence n'est pas le fruit du hasard, vous êtes à votre place, et au bon moment.

Pour conclure ce chapitre

J'aimerais vous amener à comprendre que c'est pour toutes ces raisons que vous êtes la valeur ajoutée à ce monde. Une telle connivence entre l'Univers et l'énergie, pour permettre à chacun d'entre nous d'apparaître, démontre la valeur qui réside dans chaque individu et créature qui peuple la Terre. C'est en considérant l'échelle de l'Univers que vous pouvez comprendre que l'espèce humaine est si précieuse. Ainsi, il devient difficile de se dire que nous ne valons rien. Vous et moi sommes des parcelles de volonté d'une immense mécanique subtile, aussi importants que la galaxie qui nous héberge, aussi essentiels que la Vie qui nous a créés. C'est pendant mes insomnies et dans l'observation du ciel étoilé que j'ai saisi la dimension de l'humanité. C'est dans ces moments de solitude que j'ai utilisé la formule de Ho'oponopono, en insistant sur « je t'aime ».

Voici un exercice que je vous invite à pratiquer lorsque vous éprouvez le besoin d'Amour, de reconnaissance ou de tendresse, alors que personne autour de vous ne semble disposé à vous en procurer.

HO'OPONOPONO

EXERCICE D'AMOUR

RECEVOIR ET ACCUEILLIR **L'ÉNERGIE D'AMOUR**

DE RECONNAISSANCE OU DE TENDRESSE

1

Installez-vous dans un endroit confortable, détendez-vous et respirez normalement.

Posez une de vos mains sur votre cœur, fermez les yeux, et dites à l'intérieur de vous : **« je t'aime », « je t'aime », « je t'aime ».**

2

Répétez ces mots, encore et encore...

Nourrissez-vous de l'énergie de l'Amour que vous captez en l'invitant à se poser en vous. Votre mental est court-circuité par votre main qui rejoint le cœur. Vous formez ainsi une boucle physique et une autre dans votre esprit, qui éloignent votre Ego et vous rapprochent de votre Moi profond. C'est par lui que vous recevez cette énergie d'Amour. Elle ne vient pas de l'extérieur, mais de vous, de votre âme, de votre être supérieur, quel que soit le nom que vous lui donnez. L'Amour se révèle de l'intérieur avant de se répandre vers les autres.

3

Dire « je t'aime » à la personne qui a été oubliée par l'Amour, c'est lui donner les moyens de propager l'Amour à son tour.

Alors, soyez généreux envers vous-même, aimez-vous de l'intérieur pour ensuite contaminer les autres et le monde.

Ho'oponopono et le couple

Vous éloigner des personnes que vous trouvez insupportables peut vous amener à prendre vos distances avec toutes celles qui remettent en cause vos vérités.

Chaque matin, regardez ce qui peut se transformer en moment de délice dans votre journée à venir.

C'est vous qui donnez le ton de votre existence et personne d'autre.

Vivre d'amour ou le bonheur d'être à deux

Les mémoires vous ont permis de vous construire, et une fois l'objectif atteint, il est temps de vous en séparer.

Être heureux part de soi avant de rayonner vers ses proches.

Le temps de l'Amour est précédé du temps de l'acceptation.

La méthode Ho'oponopono nettoie votre cœur et votre regard des mémoires qui altèrent votre perception.

CHAPITRE 2

Deux…

ÊTRE EN COUPLE, C'EST VIVRE D'AMOUR

De se clamer « je t'aime » à devenir amoureux, il n'y a qu'un pas à faire. Un saut du cœur qui se fait dans la légèreté et la confiance parce que vous savez que cet Amour est accessible à tout moment. Encore faut-il accepter de se faire aimer, accepter de recevoir ce flot universel et de s'en sentir comblé.

Accepter

Ce que j'ai compris avec les années, c'est qu'à force de résister à l'Amour, j'entrais en résistance avec le flot naturel de la Vie. Il me semblait ne pas mériter cet Amour, aussi, je refusais de le laisser passer par moi, je refusais d'en être le canal tout en m'étonnant des comportements ingrats et égoïstes de la part de ceux qui m'entouraient.

La raison de mon comportement était que je ne voulais pas être amoureuse. La douleur engendrée par la non-réalisation d'un amour de jeunesse m'amena à me fermer à ce courant émotionnel dans tous les domaines de mon existence. Petit à petit, j'entrais dans le rejet de ce qui aurait pu me faire ressentir cette émotion. Mes relations sentimentales, amicales et professionnelles se dégradèrent, me confortant dans cette idée que je n'avais pas besoin des autres pour me sentir mal... alors autant rester seule. Heureusement, la présence de ma fille en cette période de ma vie me permit de me relier à cette émotion. J'acceptai de la ressentir uniquement pour elle et avec elle. Quelques bribes d'Amour dans une existence empreinte d'amertume et de désolation, telles des bouteilles d'oxygène ; j'allais m'y approvisionner alors que je vivais en apnée. Il me fallut du temps pour comprendre que j'avais autour de moi et à ma disposition en permanence cet « oxygène », et que je pouvais y accéder rien qu'en lâchant mes peurs.

Il me fallut du temps pour comprendre que j'avais autour de moi, à ma disposition cet « oxygène »

La peur de souffrir conduit à des comportements qui nous mettent dans des souffrances encore plus grandes. C'est dans la pratique d'un art martial que j'ai compris cette évidence. Le manège du mental nous plonge dans la souffrance, alors que le coup n'est pas encore arrivé. L'appréhension de le recevoir crée des tensions qui vont crisper les organes et les membres. Bref, quand le choc arrive, j'ai déjà mal depuis plusieurs secondes. De plus, la tension fait que le corps se raidit et rend le coup encore moins supportable. À l'inverse, lorsque je suis dans la détente, le coup est absorbé rapidement et son intensité largement moindre que lorsque je suis en résistance. Créer de la détente en soi permet « d'accuser le coup » et de réagir sans effort, à la plus grande surprise de l'attaquant.

Autant dans le physique que dans le psychique, toute tension génère plus de douleur qu'elle n'en enlève.

Autant dans le physique que dans le psychique, toute tension génère plus de douleur qu'elle n'en enlève. Lorsque j'appréhende de voir une personne, je me mets dans un état émotionnel hypertendu, la tension monte et contamine toute personne qui vient dans mon entourage. La peur, l'angoisse, le stress et toutes les émotions qui sont reliées à ces états deviennent les générateurs de ce que je souhaite ne pas voir arriver.

Plus vous pensez : « **Je me sens mal à l'aise d'aller chez ma sœur, ça finit toujours par des disputes quand on se voit** », plus vous laissez les tensions grandir dans votre corps et votre cœur, et plus vous générez des tensions chez l'Autre. En effet, si le rire est contagieux, il en va de même pour toutes sortes d'émotions, y compris le stress, l'angoisse et la peur. En arrivant anxieux chez votre sœur, vous apportez votre malaise, et à la moindre parole qu'elle émettra, vous vous sentirez agressé. Quand vous dégagez une telle énergie de stress et qu'elle rayonne autour de vous, vous créez une zone où toute tentative de communication sera interprétée comme une intrusion.

À l'inverse, le calme et la détente permettent d'être à l'écoute de ce que l'Autre a à vous dire. Ainsi, lorsque je pratique Ho'oponopono, les quatre mots de sagesse me donnent accès au non-jugement. Je suis présente à ce qui arrive, attentive et respectueuse de ce que l'Autre vit. Quels que soient ses attentes et ses griefs, j'écoute, car je sais qu'il me parle de ses peurs, et que ma présence remue en lui des mémoires devenues difficiles à gérer.

Plus je me connecte à l'énergie de Ho'oponopono, plus j'entre dans l'acceptation de mes émotions. Une étape essentielle pour sortir du manège de l'Ego.

Désormais, je prends le recul sur cette émotion qui m'envahit. Je l'observe comme on regarde une scène de cinéma...

Malgré des années de pratique, il m'arrive encore d'entrer dans la colère. Seulement aujourd'hui je ne culpabilise plus d'avoir cette émotion, je ne me réjouis pas non plus de la ressentir, je la regarde pour ce qu'elle est, c'est-à-dire une expérience. Au gré de la ritournelle « **désolé, pardon, merci, je t'aime** » que je récite en moi et en silence, je prends du recul sur cette émotion qui m'envahit. Je l'observe comme on regarde une scène de cinéma, et l'actrice que je suis prend conscience qu'elle joue un rôle. Ce n'est pas moi, c'est un flot émotionnel qui me submerge, déclenché par un élément extérieur. Cet élément me renvoie à mon histoire. Mes croyances sont réveillées, et comme elles ne me correspondent plus, elles me font mal. L'Ego a conservé cette mémoire, il en a fait « sa » vérité, et il ne peut s'ouvrir à d'autres possibilités. Toute situation qui le ramène à cette mémoire le fait souffrir lorsque l'Autre n'entre pas dans ses attentes.

PETIT MÉMO

HO'OPONOPONO

L' ACCEPTATION : UNE ÉTAPE ESSENTIELLE

POUR SORTIR DU MANÈGE DE L'EGO

Elle a deux utilités :

1

Ne pas amplifier le conflit en ajoutant une couche émotionnelle supplémentaire.

Je suis en colère et je culpabilise de l'être. Cela fait deux émotions difficiles à gérer.

2

Permettre de sortir du jugement.

Vous ne vous jugez plus, ni vous, ni les autres, ni la Vie. Par cette acceptation, vous vous offrez le moyen de passer à autre chose, d'entrer dans l'action positive.

Aujourd'hui, j'aimerais vous amener à comprendre que l'acceptation n'a rien à voir avec la soumission. Il s'agit plutôt d'accepter les émotions négatives qui vous envahissent quand vous recevez une remarque désagréable. De prime abord, il paraît difficile d'accepter la situation conflictuelle que vous vivez. D'ailleurs, vous ne pouvez la transformer, ce qui est arrivé est arrivé. Ce que vous pouvez changer, c'est votre réaction face à elle. Pour cela, il vous suffit de réciter la formule « **désolé, pardon, merci, je t'aime** » en boucle à l'intérieur de vous. Puis laissez faire la formule, laissez votre corps reprendre son souffle, laissez vos idées s'éclaircir et écoutez le silence en vous.

Vous sortez de la résistance.
C'est dans cet état de détente que vous pouvez agir de façon plus adaptée.

Accepter de vivre des émotions négatives, c'est aussi sortir du jugement et s'autoriser à entrer dans l'énergie d'Amour. De cette permission vient le changement intérieur. Vous entrez dans une nouvelle ère, celle où vous prenez conscience que vous méritez de recevoir l'Amour et de le vivre.

Ainsi, j'entrai dans la vie de couple avec une perception plus juste de ce que je représentais, c'est-à-dire un être humain aux prises avec des mémoires, des émotions, et qui grandissait grâce à la présence de l'Autre dans son existence.

Les excuses du quotidien

Pas question de quitter la maison sans avoir fait son lit, autrement, vous ne pourriez apprécier de rentrer le soir vous coucher dans des draps bien remis en place. Une vérité qui a eu sa raison d'être et permet encore aujourd'hui d'apprécier un lit accueillant après une longue journée, mais qui peut aussi se transformer en source de frustration.

Votre partenaire ne connaît pas cette vérité et se permet de sortir de la maison sans avoir pris soin de faire le lit… que vous vous dépêchez de faire avant de vous préparer à sortir.

Du coup, vous passez de précieuses minutes dans la chambre au lieu de vous apprêter, le stress monte alors que le temps file. Dans votre tête commence à apparaître cette phrase : « **C'est de sa faute si je suis en retard à mon rendez-vous, il faut toujours que ce soit moi qui fasse tout avant de partir** », et vous commencez à reprocher à l'Autre de vous laisser les corvées.

La frustration s'installe dans votre quotidien et le moment de quitter la maison devient de plus en plus difficile à gérer.

La tension monte dans le couple à cause de l'incompréhension, car même si vous expliquez votre besoin de faire absolument ce lit, il n'en va pas de même pour l'Autre qui estime que la priorité est de ne pas arriver en retard à son rendez-vous.

Au lieu de vouloir transformer les habitudes de l'Autre comme chacun d'entre nous a tendance à le faire, créant plus de conflits que de moments agréables, j'ai adopté le nettoyage intérieur avec Ho'oponopono. Et le miracle s'est produit !

En effet, cela ne me pose plus aucun problème de partir de la maison le lit défait, car je sais que je préfère être prête dans les temps et de bonne humeur. La cerise sur le gâteau est que nous avons instauré un rituel, et cela à la demande de mon partenaire : nous faisons le lit ensemble, ce qui a rendu cette tâche vraiment conviviale, un moment de partage en toute simplicité.

En récitant en boucle la formule Ho'oponopono, je me suis ouverte à d'autres possibilités, j'ai regardé ce qui me mettait mal à l'aise et j'ai compris ce qui se cachait dans ce besoin de faire absolument le lit avant de sortir. Cette expérience m'a permis de voir que je prenais beaucoup de temps à faire des choses qui ne m'aidaient pas à la réalisation de mes projets, et que je pouvais me faire aider. Il me suffisait de demander.

J'ai surtout découvert que les tâches ménagères étaient devenues des excuses pour ne pas passer à l'action. Du lit au rangement de la maison, je me noyais dans l'agitation de la femme au foyer en oubliant les priorités de mon existence. J'avais un programme qui me permettait d'exercer mon travail à la maison et pourtant, chaque jour, je déviais un peu plus de ce chemin qui me permettait pourtant d'assurer mes finances.

La procrastination est le signe qu'une mémoire « limitante » est réveillée. L'Ego s'en nourrit et permet le maintien de l'autosabotage.

Résultat : la frustration de ne pas réaliser mon programme et la peur de l'insécurité financière commençaient à me gagner. Tellement prise dans mes angoisses, j'entretenais le manège de mon mental en m'occupant des tâches qui ne m'apportaient rien d'autre que la satisfaction temporaire de mon Ego. Quant à la réussite de mes activités, elle ne pouvait se concrétiser que si je décidais de passer à l'action. Je créais un mouvement de panique en courant de droite et de gauche dans la maison, un leurre qui me faisait croire que j'étais active, alors qu'en fait, je ne faisais que remettre à plus tard mon succès. La procrastination est le signe

qu'une mémoire « limitante » est réveillée. L'Ego s'en nourrit et permet le maintien de l'autosabotage. Encore une occasion d'utiliser la formule Ho'oponopono.

La prise de conscience de ce comportement de sabotage fut difficile à intégrer. Pour accepter le fait que je m'éloignais inconsciemment de mes véritables aspirations et de la réussite de mon travail, Ho'oponopono fut d'un grand secours. C'est en utilisant ce nettoyage intérieur que j'ai pu évacuer les émotions culpabilisantes qui commençaient à surgir à la suite de cette révélation.

Ce que je compris également par cette expérience, c'est qu'il est tellement plus confortable de continuer dans ses habitudes, aussi mauvaises soient-elles. Les mémoires sont si ancrées qu'elles en deviennent des vérités au détriment de ce qui peut vous rendre heureux. C'est à l'occasion d'un conflit qu'il devient possible de les remettre en question, et pour cela, il est nécessaire de prendre conscience qu'il n'y pas à chercher à avoir raison ou tort.

Faites simplement le constat
de ce qui arrive.
Regardez vos émotions,
balayez votre cœur avec la formule
et revenez à vous.

Il est un autre point qui m'a été révélé. J'ai compris que l'Autre, mon partenaire, m'avait aidée dans cette prise de conscience. Il avait servi de messager de la Vie, me permettant de me libérer d'une mémoire et de révéler un comportement d'auto-sabotage. Au lieu de juger mon compagnon, de me méfier de ses appréciations ou de le regarder comme un ennemi de mon bien-être, j'ai récité la formule pour accéder à un espace où la paix et le calme pouvaient m'éclairer. Et ce lieu se trouve à l'intérieur de moi. Inutile de demander à l'Autre d'être cet espace, car vous y avez accès depuis « vous ». Votre partenaire vous délivre un message, une occasion de mettre au jour vos mémoires pour vous aider à avancer dans votre réalisation.

Plus je pratique Ho'oponopono, plus je saisis la puissance des actes du quotidien. Ho'oponopono vous renvoie à l'humilité tant il agit dans la simplicité. Pas besoin de souhaiter être sage, humble ou compatissant, entrez dans la pratique, récitez « **désolé, pardon, merci, je t'aime** ». Soyez attentif à ce que vous ressentez. Nettoyez les émotions fortes et désagréables qui vous arrivent et prenez conscience de votre existence.

Responsable de sa vie

La pratique de Ho'oponopono se distingue par une notion qui peut déranger la plupart d'entre nous et que je trouve pourtant très libératrice. Je veux parler de la « responsabilité ». Être responsable de sa vie, c'est comprendre que chacune de ses actions engendre un mouvement qui va se répandre autour de soi pour revenir ensuite à son point de départ sous une forme différente. Vous utilisez chaque jour l'électricité dans votre maison, et en appuyant sur l'interrupteur, vous déclenchez un processus qui va mettre en action le compteur électrique, le réseau et la centrale électrique où des hommes et des femmes travaillent. En retour, vous recevez la facture dans votre boîte aux lettres. Vous êtes le début de ce processus, acteur inconscient de ce grand mouvement et toujours étonné des retours que vous envoie la Vie.

La seule et unique personne qui donne le ton de ma vie, c'est moi. Je suis aussi la seule qui puisse intervenir dans ma vie pour transformer ce qui me dérange.

En faisant ce constat, je reçus une grande leçon. Non seulement je suis responsable de mes actions, mais également de ce qu'elles apportent en retour. Ce qui signifie que c'est moi qui gère et crée mon existence à chaque instant, et qu'elle ne dépend de personne d'autre. Ni mes parents, ni mes enfants, ni mes amis, ni mes collègues, ni mes patrons, ni le gouvernement n'ont de pouvoir sur moi. Et encore moins mon conjoint. La seule et unique personne qui donne le ton de ma vie, c'est moi. Je suis aussi la seule qui puisse intervenir dans ma vie pour transformer ce qui me dérange.

Quel soulagement j'ai ressenti la première fois que j'ai entendu cette phrase : « Je suis responsable à 100 % de mon existence » ! Tout ce qui apparaît dans ma vie vient de moi, et je peux modifier mon existence en changeant mes actions.

Inutile d'attendre que l'Autre change d'attitude, c'est ma façon d'agir qui peut tout transformer.

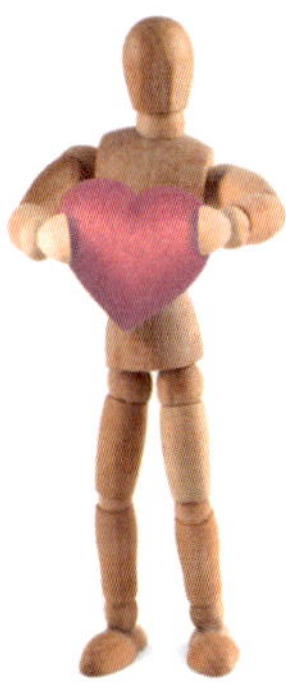

Modifier son attitude pour transformer sa vie, c'est d'abord intégrer que ce sont les pensées qui sont à la source des actions.

Et ces pensées sont activées, attirées par les mémoires dont chacun dispose dans son contrat de vie.

Ainsi, l'idée que je ne peux plaire à mon compagnon parce que je suis en surpoids m'amène à avoir un certain type de comportement. Je cache ce que je considère comme étant les défauts de mon corps par des tenues de moins en moins féminines. La dégradation de mon image est telle que m'habiller devient un moment de désespoir. Je ne m'autorise plus à porter ce que j'aime, mais plutôt « ce qui me cache ». Dès que l'Autre me regarde, j'interprète chaque signe me confirmant que je suis « en dessous de tout, trop grosse ou incapable d'être séduisante ». Je me retrouve noyée dans les filtres de mon Ego, qui déforme sans complaisance la réalité.

Devant le miroir, je regarde ce corps et je ne vois au niveau de mon bassin qu'un excès de graisse.

Ainsi, lorsque mon compagnon me prend dans ses bras pour me rassurer sur mon apparence et qu'il commence à caresser ces endroits que je trouve disgracieux, je ressens un mélange de honte et de fragilité.

La pensée qui me vient est : « **J'ai failli en n'étant pas aussi bien que je le devrais.** » Alors la tristesse et la dévalorisation s'emparent de moi, des larmes s'échappent. L'Ego se déchaîne.

En me voyant ainsi pleurer, mon compagnon s'empresse de me dire que je suis parfaite. Cela ne me rassure pas le moins du monde car mon interprétation est tout autre. J'ai en moi cette idée qu'avoir un corps plus mince me rendrait plus heureuse.

Des peurs sont éveillées, celles qui sont entretenues par les expériences passées. J'ai vécu une période où j'étais physiquement diminuée. Il est hors de question que cela recommence, aussi, je mets un point d'honneur à faire tout ce qu'il faut pour ne pas retomber dans ce piège. Et la maîtrise de mon poids en fait partie.

En gardant cette mémoire de devoir absolument contrôler ma silhouette, je créais en moi tellement de tensions que cela imprégnait mes gestes du quotidien. Le temps du repas devenait un moment difficile, l'achat de l'alimentation aussi. Quant au moment de m'habiller, la frustration augmentait d'un cran chaque semaine. Je devenais irascible et, lorsque mon compagnon me proposait un repas au restaurant, je déversais des paroles désagréables à mon partenaire, lui reprochant son manque de discernement.

C'est lorsque je m'entendis faire des remarques désagréables à mon compagnon que je compris que j'étais en train de semer des graines de discorde. Ho'oponopono m'a été d'un grand secours, car au lieu de culpabiliser sur mon attitude quelque peu injuste envers celui qui partage ma vie, je décidai d'entrer dans le nettoyage intérieur. En effet, il y avait urgence à déclencher le processus, car cette émotion de culpabilité naissante venait se surajouter au malaise initial.

Après avoir récité la formule en boucle et en silence, je décidai de me poser pour une lecture, et c'est ainsi que le cadeau de la Vie m'arriva.

Je saisis le livre de Brené Brown[1] que j'avais commencé quelque temps auparavant. Je commençai par le chapitre qui expliquait l'attitude de l'homme amoureux quand son aimée est en totale dévalorisation, notamment par rapport à son apparence physique. Nous, les femmes, avons tendance à nous dire que ce n'est pas le meilleur moment pour caresser ces parties de notre corps que nous trouvons énormes ou disgracieuses.

Lorsqu'il vous dit qu'il vous aime telle que vous êtes, croyez-le, car il est en train de vous dire qu'il aime ce qui vous rend vulnérable.

Des peurs incontrôlables surgissent sous la forme de phrases telles que : « **Ça y est, il se rend compte que je suis un monstre et il ne va plus m'aimer!** » ou encore : « **Il fait exprès de me mettre aussi mal à l'aise, c'est bien la preuve qu'il ne m'aime pas.** » Maintenant, je peux vous dire, mesdames, que la réalité est tout autre.

---

1 *Le Pouvoir de la vulnérabilité*, Guy Trédaniel éditeur, 2014.

D'après ce qui est expliqué dans *Le Pouvoir de la vulnérabilité* – et que mon compagnon m'a ensuite confirmé –, ces gestes ou ces paroles signifient que votre amoureux souhaite simplement accueillir votre fragilité, votre vulnérabilité. Son vœu est de vous protéger de vos peurs. Lorsqu'il vous dit qu'il vous aime telle que vous êtes, croyez-le, car il est en train de vous dire qu'il aime ce qui vous rend vulnérable. Et qu'il est là pour vous rassurer et vous aider à reprendre confiance en vous.

Ainsi, au lieu de rejeter les bras de mon compagnon et de lui reprocher d'avoir décelé mes pires défauts, je décidai de me laisser aller à ma vulnérabilité. Puis je me posai cette question : « **Va-t-il moins m'aimer à cause de ce surpoids ?** »

En répondant sincèrement à cette question, je compris que non, il y a dans notre couple quelque chose de fort et de grand. Je compris également que sa main sur mes hanches signifiait qu'il m'acceptait telle que j'étais, et que cela ne changeait absolument rien à l'Amour qu'il éprouvait pour moi. Il me prouvait par ce geste qu'il acceptait mes peurs, parce qu'elles faisaient partie de moi, et que loin de les rejeter, il me permettait de les accepter également.

Il me prouvait par ce geste qu'il acceptait mes peurs, parce qu'elles faisaient partie de moi, et que loin de les rejeter, il me permettait de les accepter également.

J'aurais pu continuer à me donner une image dévalorisante et à m'enfermer dans les pires prédictions : « Je suis si grosse qu'il va regarder ailleurs et trouver une plus belle femme que moi. » Ma responsabilité était de me détacher de cette supposition. Rien de tel que d'entretenir des prévisions dramatiques pour les voir un jour se réaliser et s'esclaffer : « Je le savais ! » Elle est là, ma responsabilité créative. Lâcher ses peurs et ses mémoires négatives permet de mettre en place des pensées constructives et positives.

Oui, j'aurais pu continuer dans le rôle de victime, celui que j'endosse pour le plus grand plaisir de mon Ego. Ma vie de couple se serait alors transformée en un bouillon de discorde où la moindre élévation de température aurait fait déborder les émotions. Elles auraient donné à notre quotidien la texture de l'incompréhension où la colère, la frustration, la tristesse et la culpabilité auraient pris de plus en plus de place, au détriment de l'Amour.

J'utilise mes moments de désespoir pour me relier à ma lumière intérieure et j'écoute les messages que la Vie m'envoie.

Je construis mon existence à partir de mes choix, et j'ai fait celui d'utiliser la méthode Ho'oponopono en toutes circonstances. Voilà ma responsabilité. Je suis toujours sans attente lorsque je récite « **désolé, pardon, merci, je t'aime** » parce que la Vie me répond de façon très pertinente. Je suis responsable de ce que j'envoie à chaque instant à l'Univers. Lorsque j'utilise Ho'opono no, je choisis d'envoyer une énergie d'Amour, alors que tout semble me ramener vers les ténèbres. J'utilise mes moments de désespoir pour me relier à ma lumière intérieure et j'écoute les messages que la Vie m'envoie.

Créer un **espace d'écoute**

C'est dans les ténèbres que l'Ego prend sa source, et c'est grâce aux mémoires limitantes qu'il est maintenu actif. Il se complaît dans les peurs et les ressentiments, dans l'énergie sombre de nos « vérités », de nos croyances acquises depuis la plus tendre enfance.

C'est ainsi que, tellement focalisé sur vos croyances, vous mettez toute votre énergie à entrer dans leur moule, à leur répondre en agissant en fonction d'elles, au lieu d'écouter votre partenaire et d'être présent à ses demandes.

La présence de ces mémoires est très forte dans un couple, c'est un espace où elles peuvent se démultiplier, car elles sont activées par l'intimité.

En pensant agir pour l'Autre – par exemple pour lui faire plaisir alors que votre partenaire ne vous a rien demandé –, vous agissez en réalité en fonction de votre interprétation, en fonction de vos mémoires. Elles prennent de plus en plus de place dans votre vie à deux jusqu'à prendre la forme d'une tierce personne qui surgit sous la fameuse phrase : **« On dirait ta mère quand tu me parles de cette façon ! »**

Je parle ici d'énergie négative, où les mémoires sont devenues des obstacles à votre réalisation. Dès que vous ressentez des émotions de type colère, frustration, tristesse, rancœur, vous savez que la mémoire qui est réveillée vous paralyse, et qu'elle est devenue obsolète pour votre existence. Plus vous tentez d'agir en fonction d'elle, plus vous souffrez. Plus vous vous dites : **« Pourquoi n'est-il pas heureux de rentrer à la maison, alors que j'ai tout mis en ordre, que les enfants sont couchés et que nous pourrions enfin en profiter pour nous retrouver ? »** Vous avez tellement d'attentes envers votre mari qu'il ressent les tensions avant même de franchir le seuil de la maison. C'est comme lui faire porter la responsabilité entière de votre bonheur en cet instant. Peut-être qu'il suffirait d'être présents l'un pour l'Autre, même dans le désordre et les cris des enfants.

Cette présence dont je parle est une façon de créer un espace de paix alors que votre quotidien ressemble à un champ de bataille. La méthode Ho'oponopono m'a permis de prendre conscience que le Moi profond était disponible à chaque instant de mon existence et qu'il suffisait de m'y connecter pour voir disparaître l'Ego et ses peurs.

Pour vous aider à réaliser cet espace où vous allez pouvoir accueillir l'Autre dans votre paix intérieure, je vous invite à un nouvel exercice...

EXERCICE
DE PAIX

CRÉER UN **ESPACE DE PAIX** EN SOI

POUR MIEUX ACCUEILLIR L'AUTRE

1

*Asseyez-vous et écoutez votre respiration.
Récitez en vous-même les quatre mots de sagesse
« désolé, pardon, merci, je t'aime »*

Simultanément, continuez d'écouter votre partenaire vous raconter sa journée, ses réflexions diverses, ou même son silence…

2

Lorsque l'Autre commence à évoquer son problème ou à évacuer ses peurs par des remarques, d'une main, prenez symboliquement la problématique et déposez-la entre vous.

Continuez alors de réciter la formule, tel un mantra, en silence à l'intérieur de vous. Ce geste doit se faire de façon naturelle, comme si vous décidiez de poser votre main sur l'accoudoir du fauteuil.

De cette manière, vous créez une distance avec ce que vous apporte votre partenaire, et vous vous permettez « de ne pas en faire une affaire personnelle », comme le dit Don Miguel Ruiz[1].

En effet, votre responsabilité dans le couple est d'émettre la paix alors que votre conjoint vous apporte l'inverse.

3

Tout au long de cet exercice, rappelez-vous que vous n'êtes en aucun cas responsable de sa mauvaise humeur, vous êtes simplement présent au moment où il expérimente cette émotion.

---

1 *Les Quatre Accords toltèques*, Poches Jouvence, 2005.

Les bienfaits de cet exercice :

- En récitant à l'infini les quatre mots de sagesse, vous vous reliez à cette énergie bénéfique que votre Moi profond émet généreusement.

- Par cette ritournelle, vous empêchez le mental de contrôler la situation, car vous savez que cela ne fera qu'attiser le feu si vous laissez l'Ego reprendre la main. Comme vous ne pouvez résoudre le problème qui vous est apporté, et que ce n'est pas forcément ce que l'on attend de vous, concentrez-vous sur la création de cet espace de paix que l'Autre n'arrive pas à mettre en place.

- À savoir : inutile de lui demander de réciter Ho'oponopono, car cela ne fera que l'agacer, ou pire, le détourner de vous.

N'oubliez pas : vous êtes la personne idéale pour émettre la paix, car c'est à vous que l'on vient raconter ses malheurs.

- Cet exercice est surprenant d'efficacité, car il permet de faire surgir des solutions qui ne seraient pas apparues si vous étiez vous aussi pris par les mêmes émotions négatives. En vous connectant à l'intérieur de vous, à votre Moi profond, vous faites un acte de méditation consciente. Comme le rapporte Thich Nhat Hanh[1] : **« L'écoute n'a qu'un seul but, permettre à l'Autre de vider son cœur. »** Quand il parle de « vider », il s'agit d'éliminer les émotions de haine et de rancœur qui émergent pour que vienne s'installer la paix.
- Vous pouvez aider à ce nettoyage en créant une zone de paix. Sachez également que c'est par ce chemin que vous entrez dans la « compassion ». Sans attente, juste en étant ce que l'Autre ne peut émettre, en vous reliant à votre véritable nature.

---

1 Thich Nhat Hanh est un moine bouddhiste vietnamien. Auteur de nombreux livres et enseignements, il prône la Pleine conscience pour vivre dans la paix.

Ce quotidien que vous pouvez trouver si rébarbatif est le moyen idéal pour entrer dans l'accomplissement intérieur.

Si les retraites spirituelles sont des « bulles d'air de l'âme », les tracas de tous les jours sont des ressources infinies de connexion à votre spiritualité. C'est ce que la méthode Ho'oponopono m'a permis d'intégrer.

Après avoir écouté et lu des centaines d'enseignements spirituels, c'est en refusant d'être le jeu de mes peurs et en nettoyant les mémoires qui en étaient les fondatrices que je me suis permis une vie où la spiritualité avait autant de place que ma matérialité. Un équilibre délicat qui donne à mon existence une autre dimension.

Je suis un être humain fait de chair et de sentiments, qui dispose d'un potentiel créatif dont les limites sont définies par les mémoires de mon contrat de vie. Et plus je nettoie mes mémoires, plus les limites s'éloignent.

Les jeux de rôles

Mes expériences de vie en couple auraient pu m'amener à renoncer définitivement à partager de nouveau mon existence. C'est lorsque j'ai commencé à regarder mon passé avec plus d'indulgence que je me suis rendu compte de mes comportements. La plupart étaient issus de peurs que je refrénais en adoptant une attitude semi-compulsive. Quand je voyais mon conjoint agir d'une certaine façon, j'interprétais ses actes avec mes filtres et j'agissais en fonction des mémoires que j'éveillais.

Moins je remettais en question mes mémoires, plus mon Ego avait la main.

Ainsi, lorsque j'entendais : « Ce serait bien d'aménager cette pièce pour en faire un rangement », je me mettais *illico* à la tâche. Plutôt que de me dire : « **C'est une proposition, il est possible d'en discuter pour définir dans quel délai aurait lieu cet aménagement** », je passais directement à l'action, oubliant mes autres priorités. Ma croyance était que puisque c'était une idée pertinente et qu'elle permettait de faire de la place pour mieux travailler, je devais faire en sorte que cela se concrétise aussitôt. De plus, mon Ego avait la certitude qu'en agissant de cette façon, je serais reconnue comme une femme d'intérieur exemplaire et efficace. Tout cela au détriment de mes projets professionnels.

Vous ne pouvez changer la situation, ce que vous transformez, c'est votre comportement, votre réaction face à ce qui arrive.

La frustration qui s'ensuivait était à la hauteur de la satisfaction du devoir accompli. Non seulement j'étais en retard sur mes actions professionnelles, mais j'étais également très déçue du manque de reconnaissance de la part de mon conjoint, alors que je venais de faire un « très grand sacrifice ».

De manque de reconnaissance en non-réalisation professionnelle, je vivais un quotidien où mon Ego se satisfaisait de la relative tranquillité de ma vie. Moins je remettais en question mes mémoires, plus mon Ego avait la main. Un goût amer commençait à poindre, et sans comprendre l'origine de cette amertume, je me mis à nettoyer en moi.

Si au début de la pratique de Ho'oponopono, je lançais le nettoyage sur la situation qui m'arrivait pour me permettre de m'en éloigner, je compris rapidement que cela n'avait aucun effet sur le conflit en lui-même. Ce que je remarquais cependant, c'est que le sentiment d'amertume apparu au début des conflits disparaissait.

Je peux ainsi confirmer qu'avec Ho'oponopono, l'émotion que vous ressentez se transforme. Je le répète : cette méthode permet d'agir sur vos émotions, pas sur les faits. Vous ne pouvez changer la situation, ce que vous transformez, c'est votre comportement, votre réaction face à ce qui arrive.

Pour reprendre l'image des gouttes d'eau sur la vitre, lorsque vous effacez ces fameuses gouttes qui ont séché sur la fenêtre de votre salon, vous redécouvrez un paysage plus net, plus clair. Cela vous permet de prendre de la distance. Vous redécouvrez la situation comme vous redécouvrez le paysage. Vous n'êtes pas ce paysage

ou cette situation, vous vivez une expérience. Cela ne vous définit pas, cela vous incite à regarder la Vie autrement.

Les rôles de l'Ego sont créés à partir de votre contrat de vie.

Petit à petit, je changeai de regard sur mon existence, et je remarquai que je pouvais la transformer en me changeant moi. Il était inutile de vouloir changer mon conjoint, de lui remettre l'entière responsabilité de mes erreurs, j'étais le capitaine de mon navire, et mes émotions me guidaient sur l'océan de la vie. J'avais endossé les rôles de mon Ego, celui que les adultes m'avaient donné comme vérité durant l'enfance, et que j'avais laissé entrer dans ma vie, car cela résonnait en moi.

Je prenais également conscience de ce que certains nomment le « karma ». J'étais venue travailler des mémoires collectives et familiales, et grâce à Ho'oponopono je pouvais m'en libérer.

Les rôles de l'Ego sont créés à partir de votre contrat de vie. Que ce soit un comportement de sauveur qui vous amène à fonder un couple avec une personne en difficulté, ou encore cette attitude protectrice qui vous incite à materner votre partenaire, il s'agit toujours de mémoires ancrées depuis l'enfance. Elles peuvent parfaitement vous convenir, jusqu'au jour où vous vous rendez compte qu'elles vous font surtout souffrir. Dans ce cas, il n'y a plus à hésiter. Nettoyez votre douleur, lancez le mantra « **désolé, pardon, merci, je t'aime** » dès que vous ressentez un mal-être. Nettoyez ces émotions qui vous empêchent d'être. Laissez de la place à votre Moi profond en balayant les souffrances de l'Ego.

Prenez le temps de lire cette citation d'Iyanla Vanzant[1], une *leader* spirituelle américaine que j'affectionne tout particulièrement. Ces quelques mots vous feront prendre conscience de l'intérêt de laisser tomber le masque posé par l'Ego et d'être soi de la manière la plus profonde et alignée qu'il soit.

« Quand vous ne montrez pas qui vous êtes, les gens tombent amoureux de ce que vous n'êtes pas. Et quand ils découvrent qui vous êtes, c'est à ce moment-là qu'ils vous quittent. »

---

1 Iyanla Vanzant œuvre pour la liberté d'être soi grâce au pardon et elle est l'auteure du livre *Peace from Broken Pieces* (*La paix à partir des morceaux cassés… de la Vie*), SmileyBooks, 2010.

À vous de voir si vous souhaitez partager votre existence à partir de ce que vous refusez de montrer, et passer des années à vous chercher chez votre partenaire… tout en lui demandant d'afficher ce qu'il est, alors que vous ne montrez pas qui vous êtes ! Sinon, nettoyez toutes les peurs qui surgissent lorsque vous affichez votre vulnérabilité et comprenez que votre fragilité est votre puissance.

Lorsque je me montre telle que je suis, c'est-à-dire vulnérable, sensible, humaine, j'attire à moi des personnes vulnérables, sensibles et humaines. Chaque fois, c'est un cadeau que je me fais et j'en ressors grandie.

Le couple est **un miroir**

Quand les réactions de mon partenaire de vie me semblent devenir incohérentes, je regarde en moi et je reconnais ces sentiments qui sont exprimés parce que moi aussi, un jour, j'ai ressenti cette émotion. Il est difficile, voire impossible, de reconnaître une rose si vous n'avez jamais vu de rose. Une description ne suffit pas, il est nécessaire de la sentir, de la toucher, de la regarder s'épanouir. Il en va de même pour ces émotions que l'on condamne parfois.

Le miroir est là. Vous voyez dans l'Autre le reflet de vos propres peurs, et votre part d'ombre.

L'envie, la colère, la jalousie, l'impatience, qu'importe le nom que vous lui donnez, si vous la reconnaissez chez l'Autre, c'est que vous l'avez vous aussi expérimentée.

Le miroir est là. Vous voyez dans l'Autre le reflet de vos peurs, et votre part d'ombre. C'est en cela qu'il est difficile d'accepter les comportements de votre conjoint, car ses défauts vous renvoient à vos propres imperfections. Plus je détecte ce que je considère comme des anomalies, plus je me sens à découvert, et la seule solution qui me vient est de le faire changer de comportement.

Dès que je sens monter en moi ce besoin de voir mon compagnon changer de comportement, je lance la formule Ho'oponopono et je la récite comme une ritournelle salvatrice.

Il n'est pas évident de considérer le fait d'être attentif à son partenaire comme un désir de contrôle. Et pourtant. Dès que j'entends mon compagnon rugir de frustration devant la paperasserie administrative et que je lui dis: « Est-ce que je peux t'aider? », alors qu'il ne m'a rien demandé, je sais que je veux le contrôler. Il peut gérer seul son problème, autrement il m'aurait sollicitée. En lui posant cette question, je peux l'amener à se considérer comme inapte à gérer une difficulté, et créer encore plus de sentiment négatif. *Idem* s'il me prend à témoin devant une tracasserie et que je commence à lui lancer des solutions alors qu'il ne m'a toujours rien demandé. Il souhaite une écoute, sans jugement, que je sois simplement présente à ce qu'il me dit.

Lorsque je sens l'envie de lui dire comment il doit procéder, je sais qu'il s'agit d'un désir de contrôle. Lorsque je me dis qu'il devrait prendre du recul et passer à autre chose, c'est aussi un désir de contrôle. Mon interprétation vient de mes mémoires, non des siennes.

En voulant l'amener à réfléchir à ma façon, je suis dans le contrôle et non dans le respect des émotions qu'il vit.
L'exercice qui suit vous aidera à trouver la juste attitude et à vous affranchir de ces mémoires négatives.

HO'OPONOPONO

EXERCICE DE SAGESSE

NETTOYER MES ÉMOTIONS DU **DÉSIR DE CONTRÔLE**

AU MOINS !

1

Je m'éloigne de ce besoin de contrôler mon conjoint grâce à ces quatre mots de sagesse que sont « désolé, pardon, merci, je t'aime ».

Car je sais que c'est mon Ego qui tente de reprendre la main. Si je le laisse faire, je mets en marche des mémoires devenues limitantes et qui ne font qu'agiter des peurs ancestrales.

2

Je ne suis pas ces mémoires, je suis un être humain doué de compassion, qui a des peurs et qui prend conscience qu'elles ne sont pas sa véritable identité.

Même s'il m'arrive de laisser ces mémoires limitantes me guider, je nettoie la culpabilité qui surgit et je m'ouvre au pardon.

3

Je me pardonne d'avoir succombé à la tentation de ces habitudes qui me font souffrir et je nettoie afin de trouver la paix.

Je me réaligne de l'intérieur et je m'ouvre sur un espace où l'inspiration viendra me souffler des solutions que je n'aurais pu voir si j'étais resté dans la honte ou le désir de contrôle.

FORMULE DE SAGESSE

HO'OPONOPONO

Pour m'aider à faire le nettoyage
de ces émotions de désir de contrôle,
j'ai écrit cette formule
à partir des quatre mots de sagesse :

*« Je suis désolée d'être entrée
dans cette émotion négative,*

*Pardon d'avoir voulu contrôler
mon partenaire de Vie,*

*Merci d'avoir fait surgir
cette mémoire de contrôle,*

*Je t'aime à moi-même
qui apprends à aimer. »*

Je la récite en moi une fois ou deux, puis je reprends « **désolé, pardon, merci, je t'aime** » en boucle et en silence à l'intérieur de moi.

J'ai développé plusieurs formules autour de Ho'oponopono sur différents thèmes de la vie quotidienne.

J'ai remarqué qu'en verbalisant la problématique, cela m'aidait à déclencher le processus de Ho'oponopono, alors que je n'arrivais pas à lancer la formule directement.

Vous trouverez dans le livre ***Ho'oponopono: 30 formules de sagesse pour guérir les conflits***[1] des formules que j'ai écrites pour des thèmes aussi variés que l'accident de voiture, le surpoids, la séparation ou le déménagement.

Vous pouvez vous aussi créer votre propre formule. Soyez créatif et permettez-vous d'évacuer des mémoires qui vous limitent dans votre vie.

1 Guy Trédaniel Éditeur, 2013.

De la violence à l'Amour

J'aimerais aborder un sujet délicat dans cette partie du livre. Des lectrices m'ont fait part de leur rejet et de leur incrédulité quant à la notion de responsabilité. Elles vivent, pour certaines, avec un compagnon au comportement violent. Leur souffrance est telle qu'elles ne peuvent imaginer un seul instant avoir leur part de responsabilité quand elles se font insulter et malmener par celui qui partage leur existence.

Comment reconnaître que cette part d'ombre fait aussi partie de soi ?

Où trouver la force de prononcer « **désolé, pardon, merci, je t'aime** » quand les coups et les insultes tombent ?

Il a fallu des années pour en arriver à ce résultat, il faudra être patient et indulgent envers vous-même pour vous détacher de cette manière de fonctionner.

Plutôt que d'y voir uniquement un reflet de ses peurs intérieures, il convient de percevoir ces situations dramatiques comme le résultat d'un schéma comportemental ayant amené à vivre avec un individu au comportement violent. Vous n'êtes pas cette personne, vous l'avez amenée dans votre existence, et pour cela, il a fallu une longue suite d'événements et de choix. C'est une succession de décisions qui ont permis à cet individu d'entrer dans votre vie.

En nettoyant avec Ho'oponopono, vous allez éliminer de votre existence ces croyances qui maintiennent votre schéma comportemental actif. Il a fallu des années pour en arriver à ce résultat, il faudra être patient et indulgent envers vous-même pour vous détacher de cette manière de fonctionner.

La pratique au quotidien de cette formule de sagesse va vous permettre de vous ouvrir à l'univers des possibles, et des solutions vont apparaître devant vous. Il faut du courage pour accepter de changer, et encore plus dans cette situation. Vivre dans les ténèbres au quotidien ne permet plus de voir la lumière, l'œil s'est habitué au noir. Dès qu'un éclat de lumière apparaît, le réflexe est de tourner la tête vers l'ombre pour protéger son regard. Au fur et à mesure de la pratique de Ho'oponopono, vos yeux vont s'accommoder de cette luminosité. Il va y avoir des moments de panique parce que la découverte d'un nouveau monde est toujours un saut vers l'inconnu. Donnez-vous le temps, donnez-vous de la douceur et ayez l'assurance que vous faites de votre mieux.

Subir la violence conjugale ne fait pas de vous un être définitivement « victime ». Cette situation est temporaire.

Il est impossible de changer le comportement de votre conjoint, mais ce que vous pouvez faire, c'est changer votre réaction face à ses habitudes de violence. Et pour cela, laissez-vous inspirer par le calme que vous trouverez en récitant

Aimez-vous en toutes circonstances. La solution viendra de cet Amour.

la formule de sagesse. En nettoyant en vous ces émotions de peur qui vous envahissent, vous découvrirez le courage qui ne demande qu'à surgir. Lancez le mantra, écoutez votre cœur et continuez de réciter Ho'oponopono pour vous aider à passer à l'action. Sortez du jugement. Inutile de continuer à craindre ou à détester votre partenaire, sortez de cette énergie dévastatrice et concentrez-vous sur l'énergie d'Amour. C'est elle que vous devez vous envoyer avant tout. Pour vous, pour vos enfants, pour votre avenir. Aimez-vous en toutes circonstances. La solution viendra de cet Amour.

J'aimerais partager avec vous cette phrase de Tony Robbins, un Américain qui offre son dynamisme en enseignant le *coaching* : « **La peur aide à développer le courage.** » Par cette situation difficile, vous prenez conscience que vous êtes le héros de votre existence, vous avez déjà ce courage en vous.

C'est l'Ego qui endosse le rôle de victime et refuse de s'en défaire. C'est lui qui mène votre existence tant que vous ne décidez pas de sortir de ses habitudes néfastes.

Rien de tel que de vous déverser ce flot d'Amour en récitant en vous la formule « **désolé, pardon, merci, je t'aime** » pour aller vers un avenir empli de cette énergie bienveillante. Envoyez-vous de l'Amour dès que vous en ressentez le besoin. Par cette décharge, vous cesserez d'émettre la peur et d'en être l'instigateur. J'ai appris à m'aimer dans la violence et le désespoir. C'est d'ailleurs de cette façon que j'ai compris à quel point je voulais vivre. Il est parfois nécessaire de connaître l'enfer pour avoir envie de rejoindre le paradis. Cet élan est venu du plus profond de mes tripes. Dans un assourdissant fracas d'éclairs et de

Il est parfois nécessaire de connaître l'enfer pour avoir envie de rejoindre le paradis.

tonnerre, j'ai trouvé l'impulsion pour aller vers la lumière. C'était dans un espace où régnaient la douceur et le calme… et cette paix venait de moi. J'ai appris à aimer et à m'aimer en toutes circonstances, parce que je sais que c'est ainsi que je construis ma vie. Mon souhait est d'être dans le bonheur, alors je commence par le « vibrer » dès maintenant

Quant à la violence qui règne aujourd'hui dans notre société, c'est bien le signe que vous et moi avons une part de responsabilité dans ce qui arrive. Le système économique permet à l'injustice de croître en rendant les pauvres encore plus démunis et les plus riches des multimilliardaires. La consommatrice que je suis entretient ce mouvement et lui permet de prendre de l'ampleur. Il est difficile d'acheter équitable et bio à 100 %. Alors, plutôt que de me taper la tête contre les murs ou de manifester dans les rues, je cherche des solutions. Et quand on cherche, on trouve. Des hommes et des femmes commencent à parler de système différent, d'un retour à la valeur humaine en retrouvant le lien sacré à la terre. Pierre Rabhi, Mathieu Ricard, des présidents de firmes hors norme tels que Richard Branson ouvrent d'autres perspectives et des modèles économiques anciens remontent à la surface par l'intermédiaire d'Étienne Chouard. Les solutions sont bien présentes et elles commencent à se mettre en place.

Cette violence est le signe qu'il est temps de changer, et c'est dans la paix intérieure que des solutions constructives et durables vont voir le jour.

Vous pouvez penser que c'est complètement utopiste, que les gouvernants et les multinationales ne souhaitent pas que ce système disparaisse. Ce serait vite oublier que cette économie fonctionne grâce aux petites gens que nous sommes, grâce à la consommatrice que je suis et aux quelques milliards d'autres qui achètent au quotidien. Quand tous ceux-là décideront d'opter pour un autre mode de vie, ces grands groupes n'auront pas d'autre choix que de suivre ou de mourir.

Pour aller de la violence à l'Amour, il y a des changements profonds à mettre en œuvre. Je suis réaliste

quand je dis que changer sa réaction face à la violence donne l'impulsion à un nouveau monde. Je suis la paix, elle est en moi. Plus je sens la violence autour de moi, plus j'ai envie de me tourner vers ce calme intérieur, plus je résonne de cet Amour.

Pas à pas, j'apprends à être ce que je veux voir apparaître dans cette société. C'est un chemin chaotique, et lorsque je trébuche, c'est une nouvelle compréhension qui s'ouvre. Oui, il faut du temps et de la patience pour que la tolérance s'active en chacun de nous. Mais c'est fichtrement possible !

Ho'oponopono et le couple

Au lieu de juger son partenaire, de se méfier de ses appréciations ou de le regarder comme un ennemi à votre bien-être, récitez la formule Ho'oponopono pour accéder à un espace où la paix et le calme viendront vous éclairer.

À force de résister à l'Amour, vous entrez en résistance avec le flot naturel de la Vie.

La procrastination est le signe qu'une mémoire « limitante » est réveillée. L'Ego s'en nourrit et permet le maintien de l'autosabotage.

Vivre d'amour ou le bonheur d'être à deux

Le miroir est là. Vous voyez dans l'Autre le reflet de vos peurs et votre part d'ombre.

C'est dans les ténèbres que l'Ego prend sa source, et c'est grâce aux mémoires limitantes qu'il est maintenu actif.

Accepter de vivre des émotions négatives, c'est aussi sortir du jugement et s'autoriser à entrer dans l'énergie d'Amour.

Je suis responsable de mes actions, mais également de ce qu'elles apportent en retour.

Nettoyer avec Ho'oponopono, c'est créer une zone de paix où vous entrez dans la «compassion ». Sans attente, en étant ce que l'Autre ne peut émettre.

CHAPITRE 3

Le bonheur...

D'ÊTRE À DEUX

Écrire sur le bonheur n'est pas une tâche facile. Alors je vais vous dire ce que je vois dans ce mot. Dans « bonheur », il y a « bon » et « heure ». Ce qui m'amène à traduire ce terme de cette façon : c'est la bonne heure pour être heureux, c'est le bon moment pour vivre pleinement, et cet instant, c'est maintenant. Seulement, quand on se laisse emporter par le flot des émotions, on retarde le temps de la joie de quelques heures, jours, mois et parfois années.

Remettre son bonheur **dans les mains de l'Autre**

Dans la catégorie « je serai heureuse quand il fera attention à ce que je fais dans la maison… quand il me rendra service sans que je lui demande… quand je n'aurai plus besoin de lui réclamer son attention », j'étais la championne. C'est ainsi qu'il devient facile de remettre son bonheur dans les mains de l'Autre, car en attendant que le miracle s'accomplisse, je continuais de ressasser ma déception et m'enfermais dans la frustration.

C'est un comportement humain que d'attendre de son partenaire qu'il vienne répondre à vos attentes tel le bébé qui remet sa vie dans les mains de sa mère, seulement vous oubliez d'être clair sur vos souhaits. La plupart des femmes aimeraient que leur mari lise dans leurs pensées, et le prétexte le plus commun pour justifier ce comportement est : « Il me connaît, depuis le temps ! »

C'est ainsi qu'il devient facile de remettre son bonheur dans les mains de l'Autre...

Votre époux connaît votre aptitude à vous mettre dans des réflexions qui le dépassent, cela ne fait pas de lui le meilleur télépathe au monde. J'admets qu'en tant que femme, je pars à la vitesse de la lumière dans des pensées très anarchiques où l'émotionnel est roi. Je sais aujourd'hui que mon partenaire ne pourrait suivre ce chaos si je ne lui disais pas exactement le fond de ma pensée. À l'inverse, les hommes ont tendance à rationaliser les situations conflictuelles, ce qui n'est pas dans les compétences féminines en première intention. C'est pour cela que les femmes se demandent parfois si leur partenaire n'a pas une pierre à la place du cœur. Le réflexe de l'homme est de trouver une solution en abordant le problème de façon claire, celui de la femme est d'évacuer la tension émotionnelle pour ensuite se tourner vers les solutions. L'objectif est le même, seule la méthode pour obtenir ce résultat varie. Je compris ce fonctionnement grâce à la lecture de John Gray[1], et même si je n'adhère pas à l'ensemble de sa théorie, j'avoue que sa réflexion sur ce qui fait la différence entre les hommes et les femmes m'a beaucoup apporté.

Lorsque vous dites que c'est à l'Autre d'agir pour que vous puissiez enfin être dans la joie, vous faites peser la responsabilité de votre existence sur celui qui vous empêche d'être vous-même, c'est-à-dire votre Ego.

Ce type de réflexion est le signe que vous avez réveillé une mémoire limitante, la preuve en est qu'elle vous empêche de passer à l'action et d'être heureux. Elle vous limite dans votre accès au bonheur.

---

1 *Les hommes viennent de Mars, les femmes viennent de Vénus*, Michel Lafon, 2004.

Vous attendez de votre partenaire une action qui permettrait de tout résoudre…, d'après votre Ego. C'est comme exiger d'un muet qu'il se mette à parler, ou d'un aveugle à vous guider. C'est injuste et doublement pénalisant. Vous vous mettez dans la frustration et l'impatience, la colère et la déception. C'est injuste pour vous-même, car vous repoussez le temps de la joie, et votre partenaire reçoit votre énergie négative.

J'ai cessé de remettre mon bonheur dans les mains de mon compagnon grâce à la formule Ho'oponopono. Dès que je sens une telle exigence arriver, je nettoie en moi et j'observe le silence. J'écoute mon cœur et je me mets dans la paix. Les conséquences ne se sont pas fait attendre, je me suis découvert une passion pour l'écriture et le sport, et j'ai trouvé la force de me réaliser. C'est ça, la magie de Ho'oponopono dans le couple. C'est trouver dans les tensions et les conflits un moyen de transcender ses peurs pour aller de l'avant. Avec cette méthode de guérison intérieure, j'ai compris que la vie à deux était une façon d'accélérer le processus d'évolution. Que l'Autre était le reflet de mes peurs, et que même si je changeais de miroir, j'y verrais toujours ma part d'ombre, jusqu'à ce que je décide de nettoyer mes émotions pour changer mon comportement.

La séparation est un moment douloureux autant pour celui qui décide de partir que pour celui qui reste. C'est un moment où tout bascule et qui amène à faire le deuil d'une vie passée. Comme il est difficile d'expliquer la fin d'une relation ! C'est comme dire adieu à une part de soi. Cela semble aussi déchirant que la perte d'un être cher, car il s'agit d'abandonner définitivement une façon de vivre pour aller vers l'inconnu. Quand des phrases assassines du type : « Je me suis fait avoir » ou encore : « J'ai cru en lui » m'arrivent, c'est le signe que l'Ego tente de me faire basculer dans le rôle de victime. La claque émotionnelle est douloureuse et plus elle fait mal, plus c'est le signe que des mémoires très anciennes et paralysantes sont éveillées. Le temps de la digestion est nécessaire. Il faut ensuite regarder en soi avec humilité avant

Quand j'ai mal, je nettoie. Sans d'autre attente que celle de retrouver le lien avec le Moi profond.

de se lancer dans un quelconque jugement. Quand j'ai mal, je nettoie. Sans d'autre attente que celle de retrouver le lien avec le Moi profond. C'est par lui que je vais me retrouver et couper le film du mental qui me renvoie sans cesse vers le passé. C'est par cet espace intérieur que je vais retrouver le sens de mon existence, et c'est dans le temps présent qu'il se trouve. Il n'y a aucune intention à y mettre, il faut simplement se relier à cet instant dans une énergie d'Amour en récitant les quatre mots de sagesse « **désolé, pardon, merci, je t'aime** ».

En cherchant à mettre une émotion particulière, vous allez redonner la main à votre Ego. Laissez ces quatre mots balayer votre esprit, occupez-vous seulement de les réciter car vous avez suffisamment à gérer avec cette douleur qui vous oppresse. Ces mots ont leur propre puissance et n'ont pas besoin de votre intention, ils savent ce qu'ils ont à faire. Vouloir à tout prix pardonner alors que vous vous sentez encore tiraillé par le rôle de victime peut vous envoyer dans des vibrations négatives à cause de la résistance de votre mental.

Lâcher les attentes, c'est se permettre d'avoir mal, d'accueillir cette souffrance pour ce qu'elle est, pour ensuite prendre du recul sur la situation.

J'ai conscience que ce que je vis est temporaire, que cela va se transformer et que mon travail est de faire de mon mieux pour que le bien-être prenne de plus en plus de place dans ma nouvelle vie.

Petit à petit, le bonheur reprend sa place dans mon existence. Comme avec un pinceau, j'applique par touches successives les différentes couleurs qui vont composer mon existence. Je dessine le tableau de ma vie comme je peins sur la toile vierge de mon destin. Il y a tout à y faire, je le crée étape par étape, en y mettant tout mon cœur.

Être **sans attente**

La méthode Ho'oponopono est – comme vous devez l'avoir compris depuis plusieurs pages – un outil de transformation intérieure. Réciter cette formule m'a demandé de lâcher prise, c'est-à-dire de mettre de côté mes attentes. J'avais des peurs comme celle de ne plus être aimée si je ne faisais pas certaines actions, alors je mettais un point d'honneur à les réaliser. Je pensais que c'était la meilleure façon de contrôler ma vie, et que c'était correct d'amener les autres à me reconnaître au travers de ces actes. De cette conviction je vis grandir la déception en moi, car je décelais de l'indifférence de la part de mon entourage.

J'avais beaucoup d'attentes.

La déception est une émotion où la tension est insidieuse. Je me suis rendu compte de cela à travers une séance d'art martial russe, alors que je ressentais depuis quelques jours une grande déception. J'avais beaucoup de mal à me déplacer, et mon entraînement révéla à ma grande surprise que j'étais très tendue. En effet, la sensation de la déception que je vivais était proche de la lassitude, une sorte d'abattement s'était emparée de mon corps, et l'impression d'être amorphe simulait une sorte de relâchement. Seulement, c'était vite oublier que nombre de muscles ne sont pas utilisés, notamment à cause de la sédentarité de la vie moderne. Je compris que les tensions se créent à partir de toutes nos émotions négatives et qu'il est facile de ne pas s'en apercevoir.

Ce sentiment de déception vient tout droit de l'attente. J'agis dans l'espoir d'un retour conforme à mon désir. Quelquefois, cela fonctionne et, à d'autres moments, on ressort frustré du résultat.

Tout comme vous pouvez remettre votre bonheur dans les mains de votre partenaire en espérant qu'il agisse de la façon qui vous semble la meilleure, vous pouvez aussi vous mettre dans une situation à l'origine d'une grande déception. Votre carte du monde est différente de celle de votre conjoint. Vous envisagez des résultats en fonction des mémoires ou croyances qui constituent votre univers.

Par exemple, lorsque je décide de préparer le repas, je confectionne ce qui me semble équilibré, en prenant en compte ce que j'ai mangé la veille. Quand c'est mon compagnon qui prépare le repas, il le fait avec ses envies du moment et privilégie les produits frais. Mes attentes étaient de passer à table comme si c'était moi qui avais fait le repas, alors que j'avais confié cette mission à mon compagnon. Le résultat fut tout autre.

Si au début je trouvais étrange de manger parfois la même chose d'un jour à l'autre, j'ai apprécié le fait de ne pas avoir à faire le repas, en lui remettant cette tâche en toute confiance. Parce que j'ai le choix. Soit je décide que c'est un manque d'imagination que de ne pas varier et je râle à chaque repas, soit je décide que sa vision du repas est aussi valable que la mienne – comme manger des produits frais –, et que je pourrai le faire à ma façon lorsque viendra mon tour.

Créer des tensions est plus facile que de lâcher des attentes.

C'est dans le quotidien que j'apprends les bienfaits de la méthode Ho'oponopono. Quand vous vous éloignez des attentes, vous entrez dans la liberté. Je n'exagère pas en disant cela, car vous pouvez espérer pendant des années dans l'attente de l'improbable, et en souffrir, ou bien décider de nettoyer vos mémoires qui limitent votre champ des perceptions, et passer enfin à votre réalisation.

Toute l'énergie qui est dépensée dans les attentes ne peut être utilisée pour l'épanouissement. Tant que vous êtes focalisé sur elles, vous ne pouvez voir les autres solutions. Les attentes vous aveuglent et vous plongent dans de sombres pensées quand elles ne sont pas satisfaites.

Tout cela est arrivé parce que j'ai fait entrer dans ma vie quatre mots de sagesse venus tout droit des îles du Pacifique.

J'ai appris à me détacher des attentes en me concentrant sur les cadeaux de la Vie. Je me suis ouverte aux possibilités en laissant de côté mes *a priori*, et j'ai reconsidéré mes désirs en redonnant de la place à la paix. Tout cela est arrivé parce que j'ai fait entrer dans ma vie quatre mots de sagesse venus tout droit des îles du Pacifique.

Pour aider mon mental à sortir des méandres de ces peurs sans réponses, j'ai ajouté un mot à la formule Ho'oponopono. Je termine le mantra par une parole magique, un mot qui donne toute liberté à mes pensées, je prononce à la fin de la formule le mot « surprise ». « **Désolé, pardon, merci, je t'aime, surprise** » me permet de lâcher les attentes. Je sais que quelque chose va arriver, quelque chose de grand et de beau, seulement je ne sais ni où, ni quand, ni sous quelle forme cela apparaîtra.

Vivre à deux, c'est apprendre de ses propres attentes au quotidien.

Toutes ces années au cours desquelles j'ai lancé la formule Ho'oponopono m'ont permis de remarquer que la Vie avait toujours le remède aux maux qui apparaissaient dans ma vie. Tant que je laissais mon Ego prendre les rênes, je ne voyais que ses « solutions », celles qui ne venaient que des mémoires devenues obsolètes et qui laissaient le problème en suspens sans vraiment travailler sur le fond. J'ai appris à faire confiance à la Vie, dans ce qu'elle avait à m'apporter, et même quand les drames surgissent dans mon existence, je sais aujourd'hui que c'est pour me ramener à l'essentiel : l'Amour, et uniquement l'Amour.

Vivre à deux, c'est apprendre de ses propres attentes au quotidien. Grâce à ma vie de couple, j'évolue sans cesse en laissant derrière moi d'anciennes barrières et en découvrant de nouveaux obstacles. Ils se transforment alors en tremplin dès que je décide de m'en libérer et deviennent des étapes vers une meilleure compréhension de ce que je suis.

Je découvre que je suis un être spirituel capable de mettre dans la matière toute une multitude de créations, un être relié à l'infini qui a tant à explorer.

L'âme sœur

Il ne saurait être question d'écrire sur le couple sans évoquer ce qui révulse les uns et motive les autres : l'âme sœur.

La relation aux autres est devenue une source de peurs.

Il paraît que c'est un mythe, une illusion entretenue par des cœurs perdus. D'autres affirment que c'est ce que chacun d'entre nous est venu chercher sur cette Terre. Alors je vais vous parler de mon interprétation de l'âme sœur.

Certains s'interdisent d'évoquer cette notion, car en reconnaissant l'existence de l'âme sœur, ils reconnaîtraient la présence de l'âme. Ainsi, le fait d'admettre que la conscience est née quelque part en dehors de ce corps, c'est affirmer que nous ne sommes pas seulement des humains. Nous aurions une nature plus spirituelle, idée qui va à l'encontre de bien des principes, comme d'affirmer que l'humain est seulement un corps. La preuve : après notre mort, rien ne subsiste. De poussière, il retourne à la poussière.

Confiner notre nature humaine à ce corps et uniquement à ce corps semble plausible jusqu'à ce que vous fassiez l'expérience du temps.

Regardez vos souvenirs. Certains semblent éternels. Le temps n'existe pas dans votre conscience.

En prenant de l'âge, je me suis rendu compte de quelque chose d'absolument étrange. À l'intérieur de moi, je me sens comme à 12 ans, à 18 ou à 30 ans, tout dépend de ce qui m'arrive. Mais à aucun moment je ne ressens l'usure du temps sur mon esprit. J'ai intégré des connaissances depuis que j'étais enfant, mais cela reste aussi neuf qu'au premier jour. Mes sensations sont les mêmes, elles n'ont pas pris une ride. J'ai peur des monstres comme si j'avais 6 ans, j'ai envie de sauter du pont comme à mes 16 ans, et de me mettre à danser comme à mes 20 ans. C'est tout cela qui me permet d'affirmer que je ne suis pas seulement un corps, pas seulement une femme, et que ma nature profonde est spirituelle.

Regardez vos souvenirs. Même si certains semblent avoir disparu, d'autres semblent éternels. Ils n'ont pas changé, tout est net, les impressions, les images, comme si cela venait de se passer. Le temps n'existe pas dans votre conscience.

L'âme n'a pas d'âge, elle est éternelle.

Parler de l'âme sœur, c'est affirmer que quelqu'un quelque part vous attend et que cette personne est faite pour vous. C'est comme rêver du prince charmant en espérant qu'il vienne vous enlever, un matin de printemps ; ou espérer se réveiller dans les bras de votre actrice préférée. Une pure fantaisie.

Et pourtant, tant de poètes et d'écrivains ont été inspirés par une muse, un cœur, un Amour de toujours. Ils ont décrit ces retrouvailles entre deux êtres qui s'aimaient bien avant de naître. Ils ont clamé leur découverte incroyable de la passion qui se déclare alors que rien ne laissait présager ce sentiment. Une harmonie fusionnelle qui donne l'impression de ne faire qu'un avec l'Autre et l'Univers.

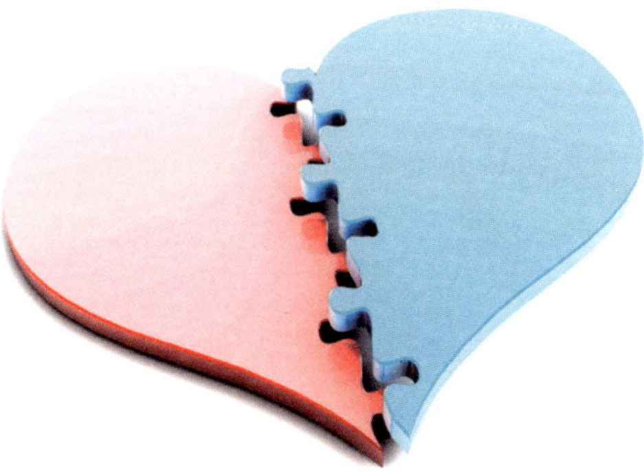

L'âme sœur se reconnaît dans la flamme qui s'allume quand les regards se croisent. Dans la sensation d'être sur une Terre familière que l'on retrouve après des milliers d'années de guerre et de séparation, telles des retrouvailles inespérées que la Vie offre à celui ou celle qui ouvre son cœur.

Peut-être que l'âme sœur est une fantaisie de l'humain pour se sentir moins seul, peut-être que c'est une réalité que l'on refuse d'admettre parce que cela remet en cause notre façon de vivre.

Je suis persuadée qu'il y a quelqu'un quelque part qui est prêt à vous aimer dans votre intégralité.

Il y a un piège dans la recherche de l'âme sœur, qui consiste à se dire : **« Je serai heureux quand je rencontrerai mon âme sœur.** » Ainsi, encore une fois, vous repoussez à plus tard votre bonheur.

En fait, je suis persuadée qu'il y a quelqu'un quelque part qui est prêt à vous aimer dans votre intégralité. **Cette personne est capable de vous voir tel que vous êtes, sans utiliser les filtres de ses croyances, et sans jugement. Elle ne cherche pas à vous transformer, elle vous accompagne quand vous vivez des moments particuliers. Elle respecte vos choix et ne vous donne pas l'impression de vous être trompé. Elle ne souhaite pas vous contrôler, au contraire, elle vous apporte un espace de tranquillité quand vous sombrez dans vos peurs.** Cette personne vous considère comme son égale loin de la relation parent-enfant que certains couples entretiennent inconsciemment.

Vivre avec son âme sœur, c'est aussi vivre des tempêtes et des orages. Quand les éléments se déchaînent, vous comprenez qu'ils arrivent pour vous ouvrir vers d'autres horizons, et c'est ensemble que vous franchissez ces obstacles. Avec le recul, vous intégrez le fait que ces frictions étaient nécessaires, car vous aviez gardé des mémoires qui vous limitaient dans votre existence. C'est aussi se rendre compte que le calme relatif qui règne dans certaines relations de couple cache de grandes tensions. Il est facile de se leurrer en se disant que tout va bien. Ne rien remettre en question, c'est simplement mettre sous le tapis les saletés que vous n'osez regarder en face.

Reconnaître l'âme sœur, c'est aussi avouer que chacun d'entre nous vient d'une même source.

Quand il y a surchauffe et que cela explose dans le couple que je forme aujourd'hui, j'ai conscience que je guéris une souffrance. Mais surtout, je sais que cette douleur est le signe que je suis bien vivante. J'ai choisi de me sentir en vie, au lieu de m'éteindre dans une relation « trop calme » où je m'empêcherais de me réaliser.

L'âme sœur vous permet de retrouver l'énergie qui siège en vous et que vous n'osiez laisser apparaître. Cette impulsion peut prendre des formes passionnées et orageuses, elle fait trembler de joie et de pleurs. C'est un ajustement à trouver au quotidien pour vous permettre de grandir ensemble de votre découverte.

Reconnaître l'âme sœur, c'est aussi avouer que chacun d'entre nous vient d'une même source, que ce lien continue de perdurer sur cette planète et que la forme humaine est un fantastique moyen d'expérimenter des émotions tout aussi fabuleuses. Cette incarnation, ce corps, est un moyen de se connecter à l'Univers. Il est l'outil idéal pour vibrer d'émotion et se relier à l'Autre.

Au lieu d'en faire une barrière, regardez cette possibilité et donnez-vous le temps de vous ouvrir à cette vulnérabilité, de vous montrer à nu, autant pour votre corps que pour votre âme.

L'exercice qui suit peut vous y aider...

HO'OPONOPONO

EXERCICE MAGIQUE

TROUVER **LA LUMIÈRE DE L'ÂME SŒUR**

1

À chaque réticence, je nettoie avec la formule d'Amour qu'est Ho'oponopono.

2

À chaque expression de peur, je lance les quatre mots de sagesse.

3

À chaque fois que je souhaite me relier à cette énergie bienfaisante, je récite « désolé, pardon, merci, je t'aime ».

Je vois dans l'âme sœur le miroir de mes peurs
et de mes vies passées.
Je regarde dans ses yeux et j'y décèle la lumière
de l'Univers et la puissance de l'Amour.

**Je sens que cet Amour est inconditionnel,
qu'il est aussi humble qu'il est grand,
qu'il est aussi beau que précieux.**

Reconnaître cette magie,
c'est s'ouvrir à un sentiment de plénitude,
je découvre que je ne suis pas seul,
car cette lumière est également présente
à l'intérieur de moi.

Vous pouvez retrouver la lumière de l'âme sœur dans le regard de votre enfant ou de votre partenaire, elle est dans chaque humain qui décide de vous regarder avec son cœur, et non avec ses peurs.

Ho'oponopono et le couple

Il est facile de remettre son bonheur dans les mains de l'Autre, car en attendant que le miracle s'accomplisse, vous continuez de ressasser votre déception et vous vous enfermez dans la frustration.

Vous pouvez vous détacher des attentes en vous concentrant sur les cadeaux de la Vie.

Les mots « désolé, pardon, merci, je t'aime » ont leur propre puissance et n'ont pas besoin de votre intention, ils savent ce qu'ils ont à faire.

La séparation, c'est abandonner définitivement une façon de vivre pour aller vers l'inconnu.

Reconnaître l'âme sœur, c'est avouer que chacun d'entre nous vient d'une même source.

Vivre d'amour ou le bonheur d'être à deux

Le sentiment de déception vient tout droit de l'attente.

L'âme sœur est capable de vous voir tel que vous êtes, sans utiliser les filtres de ses croyances, et sans jugement.

CONCLUSION

J'ai souhaité vivre l'Amour, j'ai souhaité la vie de couple que je mène aujourd'hui, je l'ai désirée de toute mon âme et de tout mon corps. Quand elle s'est présentée à moi, je l'ai saisie en me demandant où cela allait me conduire. J'avais peur, j'avais envie de m'enfuir et, en même temps, je voulais savoir.

Vous pouvez souhaiter quelque chose profondément et le refuser tout aussi fortement quand il se présente devant vous.

Vous pouvez souhaiter quelque chose profondément et le refuser tout aussi fortement quand il se présente devant vous. Cette dualité qui surgit est généralement issue de cette tendance à vouloir contrôler la manière dont les événements arrivent. Vous avez commandé une vie à deux et vous refusez ce que la Vie vous envoie. Vous estimez que ce n'est pas de cette façon que cela doit arriver

Chercher à résoudre un problème de la même manière qu'il s'est présenté à vous, c'est lui permettre de ressurgir, encore et encore.

et que vous êtes la personne la mieux placée pour savoir ce qui vous convient. Cette attitude, je l'ai eue très longtemps jusqu'à ce que j'intègre le fait que c'était justement ma façon d'aborder l'existence qui m'empêchait de me réaliser.

Chercher à résoudre un problème de la même manière qu'il s'est présenté à vous, c'est lui permettre de ressurgir, encore et encore. Le changement dont je parle depuis le début de ce livre est à mettre en place en soi. Pour m'aider à entrer dans cette dynamique, j'ai utilisé la méthode Ho'oponopono et je suis passée à l'action. J'ai dit oui à la Vie, malgré mes peurs et mes appréhensions. Je me suis jetée dans l'inconnu parce que je savais que si je restais dans cette situation, j'allais mourir… avant de mourir. Ces mots – que je tiens de l'auteur Alexandre Jardin – représentent exactement ce que la plupart d'entre nous vivent.

Si je ne me réalisais pas, j'allais m'éteindre et errer dans mon existence au lieu de vivre à plein.

C'est un choix peu évident à faire, car l'Ego se réveille et déchaîne tout un tas de réflexions. L'aspect matériel est le signal que l'Ego agite en toute première intention. C'est très déstabilisant. Se projeter sans filet dans cette société hyper-matérialiste semble inconscient. Et pourtant.

J'ai nettoyé encore et encore, j'ai fait appel au bon sens, j'ai remis en cause tout ce que j'avais appris, j'ai regardé mes angoisses et mes colères, je les ai acceptées, et je me suis alignée de l'intérieur. La Vie est cadeau, elle est généreuse, et quand vous êtes « juste » avec elle – c'est-à-dire à son écoute et loin des turpitudes de l'Ego –, vous découvrez sa nature bienveillante. C'est à vous couper le souffle !

J'ai appris à me faire confiance et à avoir confiance en ce Moi profond.

J'ai écouté la musique que mon Moi profond m'envoyait, elle me berçait le cœur alors que les peurs me tiraillaient. Pendant que des petites voix n'avaient de cesse de me harceler, je savais que c'était mon mental qui tentait de prendre le dessus. Quand le calme me submergeait et que la vibration d'Amour agitait mon corps, j'allais tout droit vers mon objectif, avec assurance et sagesse, avec la conviction que j'agissais dans la justesse. J'ai appris à me faire confiance et à avoir confiance en ce Moi profond.

C'est dans cette expérience que j'ai fait une grande découverte : la foi. Elle vient de l'intérieur et ne nécessite que votre entière présence. La foi dans la Vie vient comme un soulagement, vous savez que c'est là et que rien ni personne ne viendra vous l'enlever. Il n'y a que votre Ego pour vous faire croire le contraire.

Une chose encore **avant de conclure ce livre**

Il y a des mots qui peuvent vous sembler difficiles à intégrer car ils ont une lourde charge émotionnelle. Lorsque j'ai entendu ces quatre mots de sagesse pour la première fois, j'ai ressenti comme une déflagration à l'intérieur de moi. Un carcan composé de croyances limitantes venait de se briser. Le seul fait d'entendre « **désolé, pardon, merci, je t'aime** » a suffi pour me faire entrer dans la pratique de Ho'oponopono. C'était comme si mes cellules venaient de se libérer d'une charge négative.

Je savais que je pouvais me libérer et enfin passer à autre chose grâce à cette méthode.

C'est également à ce moment que mon mental a voulu reprendre le dessus, et j'ai alors ressenti le besoin intense de répéter encore et encore ces quatre mots. Mon Ego avait beau me seriner des phrases du genre : « **Il n'est pas question que je sois désolée de quoi que ce soit quand il parle de cette façon, et encore moins de pardonner si facilement de m'avoir maltraitée** », je savais que je pouvais me libérer et passer à autre chose grâce à cette méthode.

Je compris une première chose dès le début de la pratique:

Le pardon, c'est d'abord entrer dans l'acceptation de ce qui arrive pour ensuite transformer la situation en un mouvement qui permet de s'élever.

J'ai commencé à prendre du recul et à me dire que cela passerait. Que ce soient les peurs, la colère, la tristesse, toutes ces émotions représentent un état temporaire. Ensuite est venu le temps de l'acceptation. Soit le contraire de la soumission, qui met dans un état de résistance ou d'affaiblissement. Accepter, c'est prendre le temps de regarder ce qui se passe en soi pour savoir que faire de ses émotions. C'est quelquefois rapide et facile à mettre en place, et d'autres fois un peu moins.

Alors, je m'exerce dans tous les types de situation. De la bousculade en sortant du bus aux réflexions de mon partenaire, j'examine ce qui se passe en moi. Je nettoie et je respire profondément. Je regarde l'Autre sans le filtre de mes mémoires.

HO'OPONOPONO

EXERCICE DE PERCEPTION

JE REGARDE L'AUTRE **SANS FILTRE, TEL QU'IL EST**

L'Autre, cet être qui vous pousse dans les retranchements de vos plus intimes convictions. Il est passionnant.

Il est immensément riche. Il est orné de toutes vos appréhensions et de toutes vos aspirations.

Il est aussi grand et beau que l'Amour que vous vous portez à vous-même.

C'est le monstre de vos nuits, l'ange gardien de vos rêves et le révélateur de vos envies inavouées.

C'est avec l'Autre que l'existence prend du sens. Vous apprenez autant de son absence, par votre vie en solitaire, que de sa présence dans votre vie en couple.

L'avantage de vieillir, c'est de prendre conscience qu'il y a un début et une fin, que je suis en train de vivre dans un espace restreint et que je n'ai plus le temps de perdre du temps ! Il me faut agir avec pertinence et accepter chaque situation pour me permettre d'aller à l'essentiel. Ho'oponopono est venu dans ma vie au meilleur moment, et je remercie l'Univers de m'avoir fait ce cadeau merveilleux. Il m'a ouvert à l'Amour.

J'ai aimé de tant de façons. J'ai aimé pour être aimée. J'ai aimé par amitié. J'ai aimé pour changer. **Puis un jour, j'ai décidé d'Aimer.** J'ai lâché les attentes, j'ai lâché prise, tout simplement, pour m'offrir telle quelle à la Vie. Sans fard ni prétention, sans prétexte ni résolution.

J'ai découvert l'Amour inconditionnel, le vrai, le grand, celui dont on parle tant et qui semble inaccessible.

Il est en vous, il est en moi, il est en chaque être, et même le plus terrible des criminels dispose de cette arme universelle. Beaucoup l'on dit avant moi, je ne fais que confirmer cette vérité. Il y a tout ce qu'il faut sur cette planète pour passer à la paix et à l'Amour. C'est juste une question de prise de conscience personnelle et universelle pour que cela se propage. Je n'attends rien de l'Autre, je donne sans attente, je suis ce que je souhaite voir en ce monde, et si parfois le mental me rattrape, je sais que c'est temporaire.

Je m'adresse à vous, cher lecteur, chère lectrice, et vous demande d'être indulgent envers vous-même et envers l'Autre. Vous êtes prêt à recevoir et à émettre l'Amour inconditionnel. Vous êtes la personne idéale pour passer à l'action dans cette énergie bienfaisante, aussi, permettez-moi de vous envoyer cette toute première impulsion pour vous permettre d'y entrer dès à présent.

... Je t'aime.

Nathalie BODIN LAMBOY

BIBLIOGRAPHIE

Brené Brown, ***Le Pouvoir de la vulnérabilité,***
Guy Trédaniel éditeur, 2014.

Olivier Clerc, ***Le Don du pardon,***
Guy Trédaniel éditeur, 2010.

John Gray, ***Mars et Vénus font la paix,***
Éditions de l'Éveil, 2014.

Don Miguel Ruiz, ***Les Quatre Accords toltèques,***
Éditions Jouvence, 2005.

Don Miguel Ruiz, ***La Maîtrise de l'Amour,***
Éditions Jouvence, 2009.

En anglais,

Dr. Wayne Dyer, ***I Can See Clearly Now,***
Hay House, 2014.